사랑으로 길을 내다

이 책의 전체 수익금은 (사)선양하나의 후원금으로 쓰입니다.

사랑으로 길을 내다

지은이 | 윤상혁
초판 발행 | 2021. 11. 17
12쇄 발행 | 2024. 9. 27
등록번호 | 제1988-000080호
등록된 곳 | 서울특별시 용산구 서빙고로65길 38
발행처 | 사단법인 두란노서원
영업부 | 2078-3333 FAX | 080-749-3705
출판부 | 2078-3331

책 값은 뒤표지에 있습니다.
ISBN 978-89-531-4100-1 03230

독자의 의견을 기다립니다.
tpress@duranno.com   http://www.Duranno.com

두란노서원은 바울 사도가 3차 전도여행 때 에베소에서 성령 받은 제자들을 따로 세워 하나님의 말씀으로 양육하던
장소입니다. 사도행전 19장 8-20절의 정신에 따라 첫째 목회자를 돕는 사역과 평신도를 훈련시키는 사역, 둘째 세계
선교(TIM)와 문서선교(단행본잡지) 사역, 셋째 예수문화 및 경배와 찬양 사역, 그리고 가정·상담 사역 등을 감당하
고 있습니다. 1980년 12월 22일에 창립된 두란노서원은 주님 오실 때까지 이 사역들을 계속할 것입니다.

사랑으로
길을
내다

북한에서
이루어 가는
화목의 이야기

윤상혁 지음

두란노

목차

| Part 1.   오해의 땅,
           그곳에도 하나님이 살아 계셨다

|| Part 2. 미지의 땅, 그들의 필요를 채우다

||| Part 3. 아픔의 땅, 화목의 통로가 되다

추천의 글

누구나 북한 이야기를 할 수 있습니다. 그러나 분단의 아픔을 겪고 있는 우리네로선 민감하고 조심스럽습니다. 그런데 저자는 북한 이야기를 책으로 펴냈습니다. 그는 14년 전에 북한 땅을 밟았고 자신이 기독교인임을 밝힌 채 인도주의적 사역을 시작했습니다. 감동적인 것은 가족이 함께였다는 사실입니다. 어린 자녀들도 함께 짐을 풀었습니다. 쉬운 일이 아니었습니다.

머문 기간의 길이보다 무엇을 어떻게 했느냐가 중요합니다. 저자는 북한에 병원을 세웠고, 치료 외곽에 있는 사람들과 뇌성마비 소아들을 치료했습니다. 그리고 섬김과 나눔에 최선을 다했습니다. 어려움을 헤치고 착한 사마리아인의 손을 폈습니다. 그리고 그네들과 공감을 만들어 냈습니다. 저자는 어려울 때마다 무릎을 꿇었고, 그때마다 응답을 받았습니다. 숱한 고난의 언덕을 넘으면서 물러서지 않을 수 있었던 것은 오직 믿음의 힘 덕분이었습니다.

저자는 뒤늦게 자신이 걸어온 길을 글로 엮어 펴냈습니다. 진솔한 이 이야기가 읽는 모든 이들에게 벅찬 울림을 줄 것입니다. 저자는 하나님의 화평의 도구로 일했고, 앞으로도 그럴 것입니다. 이 감동적인 이야기들이 여러 독자의 마음에 파도치기를 바라며 고마움과 격려를 담아 이 책을 추천합니다.

박종순_충신교회 원로목사

"악을 버리고 선을 행하며 화평을 찾아 따를지어다"(시 34:14). 이 구절은 저자 부부의 삶을 증언합니다. 저자의 삶에서 나온 이 책의 이야기는 화평을 추구하고 갈망하는 그들의 헌신을 잘 담았습니다. 저자는 분단된 남한과 북한이 완전한 화해와 통일로 나아가 진정한 하나가 되기를 소망합니다. 저는 하나님이 우리의 깨어지고 상처 난 마음에 치유를

사랑으로 길을 내다

가져오시는 데 이 책을 사용할 것이라고 믿습니다. 이 책은 제 삶을 치유해 주었습니다. 마찬가지로 이 책을 읽는 모든 사람에게 같은 축복이 임할 것이라고 확신합니다.

Fr. 벤 토레이_'네 번째 강 프로젝트' 대표, 예수원

'과연 통일이 되겠는가?' 질문하면 부정적인 의견이 많습니다. 우려할 일은 젊은 세대들 안에 통일에 대한 소원이 사라지고 있다는 것입니다. 저만 해도 전후세대입니다. 통일에 대한 애틋한 마음이 부모님 세대에 비하면 많이 약합니다.

북한, 만나 본 적도 없는 부담스러운 먼 친척과 같은 존재입니다. 그러나 우리는 역사를 주관하시는 하나님을 바라보아야 합니다. 통일은 우리가 이루는 것이 아니라 하나님이 하실 일입니다. 우리가 할 일은 믿음으로 바라보는 것입니다. 믿어지면 준비에 최선을 다하게 됩니다. 하나님이 이때에 저자의 책을 출간하게 하신 이유가 있다고 생각합니다.

이 책은 저자가 북한의 장애 아동을 치료하는 병원을 설립하고 그곳의 아이들을 돕는 과정의 감동적인 이야기입니다. 하나님은 이 책을 통하여 우리에게 북한 주민들이 우리와 동족임을 깨우쳐 주시고 기도하게 하시고 울게 하십니다.

남과 북은 무서운 전쟁을 겪은 사이입니다. 그런데 어떻게 화해가 되겠습니까? 십자가로 될 수 있습니다. 십자가에서 유대인과 이방인, 주인과 노예, 부자와 가난한 사람의 장벽이 무너졌습니다. 주님 오시기 전 세계에 복음의 영광을 드러내는 데 한반도의 화해만큼 극적인 상황은 없을 것입니다.

하나 됨에 있어서 우리가 직면한 가장 심각한 문제는 이를 위한 기도가 식은 것입니다. 기도 없는 하나 됨은 오히려 두려운 것입니다. 무엇보다 눈물이 있는 기도가 필요합니다.

저는 저 자신을 위하여 운 적은 많습니다. 그래서 개인적인 신앙 문제, 죄와의 싸움, 자아와의 싸움에 대하여 설교하면 은혜 받았다는 교인들이 있었습니다. 저는 교회를 위하여 통곡하고 운 적은 많습니다. 그래서 교회에 대하여 설교하면 은혜 받았다는 말을 듣기도 했습니다. 설교 속에 눈물이 있기 때문입니다. 그러나 나라와 민족을 위하여 울었던 적은 정말 드뭅니다. 그런데 하나님은 이 책을 통해 민족을 위하여 울게 하셨습니다. 우리가 진정 민족의 통일을 준비한다면 확신이 있어야 합니다. 하나님의 뜻을 믿어야 합니다. 그리고 기도해야 합니다. 반드시 눈물이 있어야 합니다.

저는 이 책을 읽는 사람마다 자기 안에 드리워진 분열과 분단의 뿌리에 대한 새로운 이해가 생기길 바랍니다. 그리고 우리를 묶고 있던 길고 어두웠던 분단의 그림자가 사라지고 화해로 향하는 희망과 꿈이 생기길 바랍니다. 무엇보다 민족을 향한 눈물과 사랑이 일어나기를 축복합니다.

유기성_선한목자교회 담임목사

북한에서 의사로 부름을 받아 아비의 마음으로 치료하고 있는 저자의 삶과 사역은 놀라운 기적입니다. 저자는 지금까지 어렵게 숨죽이고 살고 있던 북한의 장애 아동들을 치료하며 선한 이웃으로 살고 있습니다. 분단의 아픔이 여전히 남아 있는 이때, 그리스도의 사랑으로 길을 내고 있습니다. 13년간 북한에 거주하면서 아름다운 기적을 경험하고 있는 저자 가족의 삶은 세상을 화목하게 하시는 예수님의 임재의 통로가 될 것이라 믿습니다. 이 귀한 이야기가 한반도에 화해의 바람을 일으키는 도구가 되기를 소원합니다.

이재훈_온누리교회 담임목사

예수님은 이 세상에 내려와 우리와 똑같은 수준으로 사셨다. 사랑은 같은 자리에 있어 주는 것이고 낮은 자리로 내려와 함께하는 것이다.

저자는 성령의 사람으로서 북녘땅에서 은혜로 삶을 살아 내고 있다. 미국과 북한에서 의학박사학위를 두 개나 취득했지만, 그것으로 자신의 이익을 위해 살지 않고 예수님의 마음으로 성육신적 사역을 하고 있다. 그는 죽은 자를 살리려고 시체 위에 자기 몸을 덮어서 기도한 엘리야처럼 온몸으로 치유 사역을 한다. 자신이 전인치유를 받은 자로서 예수님의 사랑이 필요한 곳에서 가슴 뜨거운 눈물로 얼어붙은 마음을 녹이고 있다.

그곳에서 삶의 예배자로 살아가는 저자의 생생한 이야기는 읽을수록 감동을 더한다. 저자의 삶은 곧 우리 각자가 속해 있는 곳에서 어떤 삶을 감당해야 하는지 깨닫게 한다. 진정한 통일이 무엇인지 생각하게 하며 우리 가슴을 애잔하게 한다.

북녘땅에도 주님은 임재하신다. 저자의 아내가 쓴 시 '저는 왜 이곳에 있습니까?'라는 질문에 하나님은 매 순간 당신의 사랑 때문이라고 답하신다. 많은 독자가 이 책을 통해 한반도 전체가 주님이 임재하시는 하나님 나라임을 선명하게 볼 수 있기를 바란다.

조봉희_목동 지구촌교회 담임목사

책장을 넘길 때마다 북녘 동포를 향한 주님의 마음, 사랑의 마음을 읽을 수 있었습니다. 책을 읽는 내내 온유하고 따뜻한 저자와 함께 이야기를 나누는 기분이 들었습니다. 불가능에 도전하라는 주님 말씀에 순종하여 기적이라 쓴 이야기를 담은 이 책을 곁에 두고 언제고 읽고 싶습니다. 가슴이 뜨거워지는 이 책의 출간을 축하합니다.

조성욱_평광교회 담임목사

'하느님께는 불가능이 없다'는 믿음을 가지고 북녘땅에서 하루하루 화해의 직분자로서 살아온 한 가족의 이야기는 노아의 방주, 아브라함의 여정, 예수의 성가정 이야기만큼이나 흥미진진하고 깊은 감동을 줍니다. 한반도 정세를 둘러싼 어떤 외적 요인에도 통일을 이루는 가장 근본적인 추동력은 한겨레 되기를 진정으로 희망하는 한민족 개개인의 마음에서 비롯될 것입니다. 사랑으로 그 길을 내고 있는 저자의 삶은 우리가 그리스도인으로서 당장 어떤 실천을 해야 할지 명쾌한 답을 제시합니다.

최혜영_가톨릭대학교 종교학과 명예교수, 성심수녀회 수녀

조국 강산에 씻을 수 없는 아픔을 남긴 6·25전쟁의 상흔이 70년이 지난 지금도 곳곳에 남아 있습니다. 분단과 냉전 시대의 이데올로기 대립을 지나 전 세계에 유일한 분단국가로 존재하면서 상처로 인한 아픔과 트라우마가 계속 확대 재생산되어 사회 안에 많은 갈등을 불러일으키고 남북 관계에 여전한 대립과 긴장을 야기하는 것을 보게 됩니다.

이런 시대에 저자는 약 13년간 북녘땅에서 그곳 동포들과 함께 살면서 하나님이 행하신 기적 같은 일들을 경험했습니다. 그리고 하나님이 여실 새로운 시대를 기대하고 사모하며 화목자의 직분을 성실히 감당하고 있습니다. 저자의 바람처럼 하나님께서 이 책을 사용하셔서 언젠가 남과 북이 서로의 아픔을 먼저 들여다보고 보듬어 주는 날을 주시길 소망합니다. 새로운 시대를 갈망하며 화평의 도구로 쓰임 받고자 하는 모든 분에게 이 귀한 책이 도전과 격려가 되리라 믿고 적극 추천합니다.

화종부_남서울교회 담임목사

한반도에 사는 그리스도인들에게 하나님이 주신 소명은 남과 북을 화해케 하는 '화목의 직분자'로 사는 것이라고 생각합니다. 저자의 삶은

사랑으로 길을 내다

장벽과 경계를 가로질러 화목의 직분자로 살아가는 그리스도인의 모습이 어떤 것인지 선명하게 보여 줍니다.

이 책을 읽으면서 우리 민족을 사랑하시고 남북이 화해하길 원하시는 하나님의 마음을 오롯이 느낄 수 있었습니다. 마음과 눈시울이 뜨거워집니다. 그 벅찬 감동을 여러 독자가 함께 경험할 수 있으면 좋겠습니다.

김성환_가나공방 대표

이 책은 저자 부부가 북한에서 살면서 성육신적 화해 사역과 치유 사역에 몸담은 영적 여정을 이야기한다. 북한 땅을 향한 거시적 야심이 아니라 한 영혼, 그것도 아프고 지친 영혼을 향한 애타는 심정을 가진 그리스도인과 그의 마음에 일어난 일을 세밀하게 추적하고 있다. 읽는 내내 마음이 따뜻해지고 "하나님, 감사합니다"라는 고백을 외치게 된다.

외부자의 시선에 비친 북한은 도저히 이해할 수 없는 사회지만 저자는 이런 북한을 사랑하시고 그곳의 아픈 아이들을 체휼하시며 치유하시는 하나님의 행적을 담담히 증언한다. 아무리 위대한 우주적인 사랑도 작고 보잘것없는 소박한 사랑에서 시작한다. 저자와 그의 아내, 자녀, 동역자들은 하나님의 이러한 북한 사랑에 붙들려 지금까지 살아왔다. 이 책을 읽는 모든 독자가 북한을 위한 중보기도 속에 마음이 뜨거워질 것이며 이 사역의 동역자가 될 것이다.

김회권_숭실대학교 교수

저는 2003년부터 평양 어린이어깨동무병원, 장교리 인민병원, 평양의학대학 소아병동 등 의료 협력을 위해 평양, 개성을 비롯해 북한을 수차례 방문하여 북한의료전문가라는 평을 받고 있습니다. 하지만 마음속에는 항상 내가 아는 북한이 정말 실체인지, 코끼리의 코만 만지고 와서 코끼리는 길쭉하게 생긴 동물이라고 이야기하고 있는 것은 아닌지 걱정이 됩니다. 그런 면에서 평양의학대학 교수로 활동하는 저자를 볼 때마다 나보다는 훨씬 더 북한을 잘 알고 있을 것이라는 부러움이 들기도 합니다.

종교의 자유가 남한과 같지 않으니 신앙인으로서 평양에서 살기가 힘들 텐데도 항상 활발하게 잘 지내는 저자를 보면 역시 훈련된 마음을 가지고 있는 사람이구나 하는 생각과 함께 하나님이 그를 잘 지켜 주신다는 생각이 듭니다. 저자는 장애인은 없다며 휠체어 지원도 거부하던 곳에서 소아재활병동을 건립하고 자폐 어린이를 찾아내어 치료도 하고 있습니다. 그 누구도 할 수 없었던 저자의 놀라운 의료 활동은 보건의료 협력의 대표적인 사례입니다. 이는 기본적으로 인간의 고통을 줄이려는 인도주의(humanitarian)의 개념 없이는 할 수 없는 행동이라고 생각합니다. 그러한 면에서 저자의 사역은 우리 적십자의 인도주의 활동과 매우 닮은꼴입니다.

저자가 닦은 길이 한반도 건강한 공동체의 완성을 위한 마중물이 될 것이라고 믿습니다. 이 책이 북한의 의료 현실과 문화 등을 곳곳에 알리고 남북한이 서로 화해하고 보듬게 하는 선한 도구가 될 것이라 믿습니다.

신희영_대한적십자사 회장

이 책은 지구상에서 매우 독특하고 이해하기 힘든 나라에서 그들의 원수 나라, 미국에서 온 가족이 살아 내는 이야기다. 나는 이 책을 읽으며 하나님의 부르심은 일을 잘하는 것이 아니라 그분과 올바른 관계에서 그분의 영광을 나타내야 한다는 것을 배웠다. 하나님은 감옥에서 바울과 함께하셨고, 유배지에서 요한과 함께하셨던 것처럼, 북녘땅에서도 저자와 함께하시며 사랑의 일을 하고 계신다. 이 책은 바로 그 하나님의 사랑의 증언이다.

양창석_(사)선양하나 한국 대표, 전 통일부 남북회담본부 본부장 예수님이 우리를 찾아오신 것처럼 저자 부부도 북녘의 이웃들을 찾아갔습니다. 이들이 지난 13년간 그 땅에 살면서 유치원 아이들과 선생님, 신발공장 아주머니들, 병원을 찾아온 환자와 부모들, 의사들과 어떻게 화목하게 지냈는지 생생히 목격할 수 있습니다. 저자 부부가 그들을 보화처럼 여기는 모습을 보면서 하나님의 마음을 배울 수 있었습니다. 이들은 오늘도 남북한뿐 아니라 우리가 하나님과 화목하도록 하는 직분자로 살며 여전히 그 여정을 가고 있습니다. 함께 이 길을 끝까지 행진하길 소망합니다.

알리사, 제롬_세이미안 소프트웨어 대표

저자는 누구도 쉽게 할 수 없는 일, 불가능한 일들을 해내고 있습니다. 이 일들이 가능한 것은 하나님이 함께하시기 때문입니다. 이 책은 하나님이 하시면 이루지 못할 일이 없다는 것을 증거하고 있습니다. 신앙인은 '말보다는 믿음이, 믿음보다는 그 믿음에 대한 사랑을 실천하는 것'이 더 중요하다는 사실을 깨닫게 합니다.

저자와 가족은 우리 동포인 북한의 형제, 자매들과 함께 살면서 그들을 정확히 이해하고 있습니다. 이 불안한 동북아시아의 정세 속에서도 진정한 평화를 만들어 내시는 하나님의 방법을 터득하고 실천합니다. 이는 하나님의 사랑으로 그들을 섬기고 진심을 다하기 때문에 가능한 것입니다.

저자는 통일 이전에 남북이 진정으로 화목해지기를 꿈꿉니다. 그러려면 반드시 하나님의 사랑이 선행되어야 하고, 이를 위해 지금을 살고 있습니다. 저는 그런 저자의 삶을 담은 이 책을 읽으면서 희망을 발견했습니다. 우리가 간절히 바라는 진정한 화해는 하나님이 이루실 것임을 믿습니다.

윤영각_파빌리온인베스트먼트 회장

사랑, 화해, 한반도 평화를 이야기하는 사람들은 많다. 그러나 정작 몸으로 그것을 살아 내는 사람은 적다. 저자는 드물게 그러한 큰 이야기들을 구체적인 삶으로 살아 내고 있다. 고난으로 가득 찬 사랑의 행적을 통해 북한 사람들의 마음을 움직였고, 그럼으로써 강고한 이념의 벽을 뚫고 화해와 평화로 이르는 길을 온몸으로 제시했다. 이 거친 시대에 복음과 한반도 평화를 진지하게 생각하는 사람이라면 이 책을 꼭 읽어 보기를 권한다.

윤영관_서울대학교 명예교수, 전 외교통상부 장관

이 책은 가장 약한 아이들을 통해 세상을 회복시키시는 하나님의 사랑 이야기입니다. 뇌성마비로 힘들어하던 한 아동을 통해 북한 의료계가 변화되고 평양에 어린이재활병원이 세워지는 기적의 이야기가 있습니다. 그 속에 하나님의 부르심에 순종하여 살아온 사랑의 통로, 저자와 그의 가족, 그리고 공동체가 있습니다. 강력한 도전과 감동이 살아 있는 이 책의 한 장 한 장이 하나님과 사람을 향한 나의 심장을 깨웠습니다. 이 책은 우리를 섬김의 자리, 화해의 자리로 부르시는 놀라운 하나님의 선물입니다.

이지선_서울재활병원 원장

하나님이 우리에게 권면하시는 사랑의 실체를 이 책에서 봅니다. 그는 아무도 가려 하지 않는 곳에 머물면서, 때로는 오해를 받지만 항변하지 않고 묵묵히 그들을 섬깁니다. 아무것도 바라지 않고 그저 사랑의 실체가 무엇인지 발견해 가는 저자의 이런 여정은 가슴이 저리도록 아름답습니다. 그곳에도 어머니의 넉넉한 품과 아이들의 웃음이 있고 꿈꿀 수 있는 사랑이 있음을 새삼스레 깨달으며 마음이 먹먹해집니다.

장벽 이쪽과 저쪽의 생채기를 품으며 '화목하라' 하신 말씀을 살아 내

사랑으로 길을 내다

는 저자와 가족의 삶을 통해 하나님이 이루실 한반도의 기적을 꿈꾸며 뜨겁게 응원하고 싶습니다.

추상미_배우, 영화감독

　나와 저자는 아주 오랜 기도의 동역자다. 북한 사역, 의료 사역, 신발 공장 운영, 병원과 공장 건축, 평양 입성, 장애아 입양, 어느 것 하나 모르는 단어가 없다. 그런 동역자로서 저자 가족과 함께 이 책을 세상에 소개해 주신 하나님께 너무나 감사하다. 저자는 미국인 크리스천 사업가이자 의사로서 안정된 삶이 보장되어 있었다. 하지만 가지 않아도 되는 북한 땅을 선택했다. 그리고 이 과정을 통해 자신의 삶을 통해 세계 정세와 국가 간의 이데올로기로도 풀 수 없는 남과 북 그리고 미국과 북한 간의 온전한 화해의 가능성을 증명해 보이고 있다.

　저자는 육체의 장애뿐 아니라 마음의 장애를 고치는 의사로서, 또한 하나님의 화해자로서 북한으로 보내진 하나님의 우체부다. 저자는 자신의 삶에 일어난 모든 일을 은혜로 받아들인다. 이 책을 읽는 내내 그런 저자의 삶의 자세에서 '이것이 진정한 믿는 사람들의 삶이구나' 하는 것을 느끼며 숙연해진다.

　이 한 권의 책은 세상이 갖고 있는 북한에 대한 인식을 바꿔 주기에 충분하며 또한 하나님을 매일 경험할 수 있는 통로로 사용되리라 믿는다.

홍정희_에젤선교회 대표

사랑만 남기고 아침 이슬처럼 스러지기를

어느 날 존경하는 교수님을 만나러 갔다. 말씀을 나누고 헤어지면서 교수님은 나를 위해 눈물을 흘리며 '아침 이슬처럼 조용히 사라지는 사람이 될 수 있기를' 위해서 기도해 주었다. 그 후 나는 아침 이슬처럼 사는 것이 무엇인지 생각에 잠기곤 한다. 줄곧 아름다운 빛을 받아들이고 이내 그 빛의 반사를 만들어 내며 조용히 사라지는 아침 이슬 말이다.

악은 숨겨 있기를 갈망하고 선은 밝히 보이기를 갈망한다. 북한에서 신앙인으로 살면서 경험한 예수님의 사랑 이야기를 이 책을 통해 세상의 많은 사람과 솔직하게 나눈다. 지극히 평범한 일상의 이야기들이지만 북한이라는 공간적 배경의 무게감과 거리감 때문에 특별하게 비추어지는 것이 참 부담스럽다. 한국이든 미국이든 장애 아이들을 돌보며 삶을 드리는 많은 의료인과 부모님이 있다. 그리고 불편한 몸으로 삶을 살아 내는 분들도 많다. 나에게는 이분들이 영웅이다. 그래서 이 책에서 나누는 이야기는 우리 모두의 이야기다. 남과 북에서 한 생명을 지키기 위해 하루하루 씨름하고 살아가고 있는 우리 모두의 선한 이야기다.

《사랑으로 길을 내다》가 세상에 작은 아침 이슬처럼 탄생할 수 있었던 것은 사지뇌성마비 환자로 만났던 복신이 덕분이다. 전혀 기대하지 못했던 곳에서 만난 복신이는 나와 가족에게 사랑을 가르쳐 주었고 어려운 시간을 버텨 내는 이유를 만들어 주었다. 책을 집필하면서 복신이의 해맑았던 웃는 얼굴이 더 많이 생각났다.

이 책에 담긴 그간의 이야기들은 결코 나 혼자 경험한 것이 아니다. 선양하나(이그니스) 공동체가 함께 써 내려간 이야기다. 그들은 많은 사람이 꺼리는 곳으로 삶을 내던진 귀한 그리스도 안의 형제자매들이다. 한국을 비롯해 미국, 중국, 싱가포르, 몽골, 브라질, 필리핀, 홍콩에서 온 형제자매들이 북한에 사랑으로 길을 내기 위해 선양하나 공동체로 모였다. 이 책은 선한 마음과 삶의 순종으로 생과 사를 넘나들며 함께해 준 많은 이들의 깊은 사랑을 추출한 진액과 같다.

더 나아가 이 책의 이야기는 선양하나 공동체를 위해 기도와 물질로 동역해 주는 한국 교회, 미국 한인교회, 전 세계 교회들과 성도님들이 함께 만들어 준, 사랑과 섬김이 담긴 화목의 십자가 이야기인 것이 틀림없다. 그래서 나는 이런 선한 이야기가 아름다운 빛으로 세상에 밝히 보이기를 조심스레 기도한다. 하지만 그리스도의 선하심만 드러나고 우리의 모습은 아침 이슬처럼 사라져 보이지 않기를 기도한다.

마지막으로 짙은 어두움 가운데 보잘것없이 존재하던, 아침 이슬과도 같았던 화목의 이야기에 생명을 불어넣어 《사랑으로 길을 내다》로 탄생시켜 준 강신해 작가님과 두란노 출판부 모든 분에게 깊은 감사와 존경하는 마음을 전해 드린다.

2021년 11월
윤상혁

Part 1.

오해의 땅,

그곳에도

하나님이 살아 계셨다

"북한에서 만날 이들은 사람이 아니오!"

2012년 여름이었다. 그동안 나를 무척이나 아끼고 사랑해 주던 장로님을 중국의 한 호텔에서 만났다. 장로님은 그해부터 내가 김일성종합대학의 평양의학대학 재활의학과 교수로 부임했다는 소식을 들은 듯했다. 만나자마자 긴히 이야기 좀 하자며 내 손을 이끌었다. 분위기를 보니 그분은 내가 북한에 있는 대학의 교수로 가는 것이 영 마음에 들지 않았던 모양이다.

"윤 선생, 그냥 시골에서 어려운 사람들 돕지 왜 평양에 들어갑니까?"

그분 말씀은 한마디로 평양은 적그리스도의 소굴이며, 그곳에 가는 것은 적그리스도를 돕는 것이라는 이야기였다. 나는 그동안 가족과 함께 북한 동북지역에 거주하면서 크리스천 NGO 활동가로 일해 왔다. 주로 시골 마을에 유치원과 진료소를 세우고 신발공장을 운영하며 지역 주민들에게 직업을 창출해 주는 등 인도주의적 섬김과 의료활동을 했다. 그런데 장로님은 내가 함경북도 나선이라는 지역에서 일할 때는 어려운 주민들을 돕는 일이니 그나마 괜찮지만, 평양에 가는 것은 아무리 병원과 학교를 돕는다 해도 북한 정권이 있는 곳이기 때문에 악의 소굴로 들어가는 일이라 여기고 있었다. 그렇지 않아도 2008년 무렵 한국 정권이 바뀌면서부터 나처럼 북한에서 사역하는 분들이 친북이니 종북이니 하는 말로 오해도 많이 받고 생각지도 못했던 이런저런 이름표가 붙기도 했다. 그러니 장로님이 걱정 반, 우려 반의 심정으로 나를 찾아온 것도 이해 못 하는 바는 아니었다.

나는 그분의 말씀을 잠잠히 듣고 나서 대답했다.

"주님은 우리가 죄인 되었을 때에 찾아오셨다고 말씀하시는데, 만약 저들이 죄인이라면 정말 주님이 꼭 필요하겠네요."

이런 대화가 새벽까지 이어졌다. 하지만 오랜 시간 이야기를 나누면서도 우리 대화는 합치점을 찾지 못한 채 계속해서 겉돌았다. 마치 보이지 않는 유리 벽을 사이에 두고 있는 것만 같았다. 나는 순간 답답함이 밀려왔다. '장로님은 왜 나를 찾아와 이런 이야기를 하는 걸까? 도대체 뭐가 문제란 말인가?' 고민이 시작되려던 무렵 장로님은 마침내 목소리를 높이며 애써 참고 있던 분노를 터뜨렸다. 그러면서 "젊은 윤 선생은 공산당이 내려와서 자기 삼촌을 죽창으로 찔러 죽이는 것을 본 적이 없지요? 만약에 그 광경을 목격했다면 그들이 사람이 아니라 짐승이라는 걸 아실 거요! 앞으로 윤 선생이 평양에서 만날 이들은 사람이 아니오!" 하고 언성을 높여 말했다.

나는 수년간 장로님을 만나 왔지만 이토록 격양된 모습은 여태껏 보지 못했다. 나는 그날 장로님과의 대화에서 처음으로 전쟁 세대들이 가진, 지울 수 없는 마음의 상처를 보았다. 그것은 나와 같은 세대들이 결코 알 수 없는 일이며, 안다 한들 그들처럼 폐부 깊숙이까지는 도달하지 못할 감정이라는 것도 깨달았다.

나는 그 자리에서 곧바로 장로님께 사죄를 드렸다. 그것은 그동안 전쟁의 아픔을 겪은 세대들의 마음과 생각을 제대로 알아주지 못했던 것에 대한 사죄였다. 그리고 장로님께 한 가지를 약속했다. 내가 북한에 다시 들어가게 되면, 한국 어른들이 왜 북한 사람을 그토록 싫어하게 되었는지를 잘 설명하도록 노력하겠다고 말이다.

그날 나는 집에 돌아와 거의 보름 동안 심한 몸살을 앓았다. 분명한 것은 나의 부르심은 북한이며, 나는 그곳에서 살아가고 있는 사람이라는 것이다. 그렇다면 나는 앞으로 어떻게 해야 하는 것일까?

겨우 정신을 차리고 보니 그동안의 내 모습들이 하나둘씩 떠오르기 시작했다. 그리고 한 가지를 깨달았다. 나는 그동안 한국 교회 곳곳을 다니며 북한을 사랑하라는 메시지를 전해 왔는데, 어떤 이들에겐 그 말이 비수가 되어 상처 난 가슴에 또 한번 상처를 냈을 수도 있었겠다는 사실이었다.

그날 이후로 나는 대한민국의 어른 세대들, 전쟁 세대들의 아픔을 북한 사람들에게 전해야겠다고 마음먹었다. 평양에 돌아온 뒤에 나는 기회만 되면 그날 장로님과 나눈 이야기를 그곳 사람들에게 전했다. 그런데 참 놀라운 것은 이런 남한 사람들의 마음을 나눌 때, 대부분의 북한 사람들이 그 이야기에 공감하는 것이었다. 나는 솔직히 이들이 눈에 불을 켜고 달려들 줄 알았다. 그런데 누구 하나 따지거나 분노하는 사람이 없었다. 오히려 다들 숙연하게 고개를 끄덕이며 들어 주었다. 그 모습에 내가 더 놀라곤 했다.

북한에는 대여섯 살 아이들이 다니는 유치원마다 미군이 총칼로 어린이나 임산부를 죽이는 모습들이 벽화로 그려져 있다. 북한에 온 지 얼마 안 되었을 무렵 나는 그것을 보고 엄청나게 분노한 적이 있다. 어떻게 어린아이들에게 이런 끔찍한 장면을 보여 주면서 세뇌 교육할 수 있는가 하고 말이다. 그뿐만이 아니다. 북한 고등학생들에게는 졸업 전 수학여행 코스로 반드시 관람해야 하는 곳이 있다. 황해도 신천에 있는 전쟁박물관이다. 이곳에는 6·25전쟁 당시 미군이 얼마나 처참하게 신천 지역 양민들을 학살했는지 자세히 기록되어 있다.

나는 북한에서 생활하면서 왜 아이들에게 이런 식의 교육을 강요하는지를 두고 그들과 싸우곤 했다. 우리는 화해와 평화를 이야기하러 왔는데 당신들은 아이들이 온전한 가치관을 갖기도 전에 편협한 증오만을 가르치고 있다고 말했던 것이다. 얼마나 오랜 세월이 지났는데 왜 이토록 끔찍한 전쟁만을 가르치는지, 왜 아직도 과거에만 묻혀 사는지 따져 물은 적이 있다. 그런데 내가 대한민국 전쟁 세대의 아픔을 듣고 나니 그전에는 세뇌 교육을 통해 증오만 가르친다고 여겼던 북한 사람들에 대해서도 조금씩 다른 마음이 들기 시작했다.

그때부터 나는 북한에서 있었던 전쟁에 대해 공부하기 시작했다. 전쟁은 남한에서만이 아니라 북한에서도 똑같이 일어났던 사건이다. 이 씻을 수 없는 상처와 아픔은 양쪽 모두에게 생채기를 남겼다. 누구의 잘잘못을 떠나서 전쟁 동안 자행된 만행은 남쪽에서든 북쪽에서든 너무도 끔찍하고 처참했다. 오히려 전쟁이라는 시대적 사건 속에서 양쪽에 미친 일반 사회적 피해 상으로만 따져 본다면 미군이 동원한 현대적 무기 탓에 북한 쪽이 훨씬 더 심각한 타격을 입었을지 모른다. 그러니 북한 사람들이 왜 그토록 미국에 치를 떠는지도 조금은 이해가 될 법했다.

사랑으로 길을 내다

내가 만난 남한의 장로님이 가진 분노와 북한이 가진 분노는 결코 다르지 않다. 그때 나는 깨달았다. 우리가 북한에서 할 일은 그곳을 고치는 일이 아니라 남한과 북한에 남아 있는 아픔들을 다 같이 치유해 나가는 것이었다. 상대를 이해하면 분노는 반으로 줄어든다. 한 방향에서의 논리만 주장하지 않고 양쪽의 입장을 이해하는 순간, 그들이 나의 이야기를 듣고 고개를 끄덕여 주었던 것처럼 나 역시 그들이 당한 아픔 앞에서 고개가 끄덕여졌다.

전쟁터에서 우리는 모두 피해자였고, 또 한순간에 가해자가 되었다. 이런 한반도의 슬픔이 경험적 요소로써 우리의 뼛속 깊이 박혔다. 그래서 전쟁 세대들과의 대화는 논리적이 될 수가 없다. 왜냐하면 그들의 이야기 끝은 언제나 상처에 닿아 있고, 아픔과 분노의 눈물이며, 결국 '저들은 짐승이다'로 마치게 되기 때문이다. 안타깝게도 70년이 지난 지금까지도 우리는 계속 이어지고 있는 전쟁 트라우마 속에서 살아가고 있다. 이것은 영토적 분단이 아니라 냉전시대를 거치며 우리 민족 가운데 자리 잡은 이념의 갈등이다. 이것이 해결되지 않으면 한반도 내의 통합이 있을 수 없고, 남과 북의 화해도 힘들 것이다.

일본에 가면 원자폭탄이 떨어진 자리에 전쟁 당시 일본군이 저지른 만행을 전시해 놓은 기념관이 있다. 일본의 어느 신부님이 세운 그 나가사키 평화자료관에는 "전쟁은 사람을 짐승으로 만든다"라는 글귀가 적혀 있다. 나는 그 글귀를 읽으면서 장로님의 생각을 이해할 수 있었다. 전쟁은 하나님이 주신, 그분을 닮은 인간 본연의 성품을 파멸하고, 인간 안에 있는 짐승적 요소를 끄집어낸다. 남과 북의 군대가 맞붙은 전쟁터에서는 생명을 생명으로 보지 못하는 인간의 죄성과 사탄의 지배 속에 있는 잔인함이 여실히 드러났을 것이다. 그런데 그것이 지금까지 이어져 남한과 북한이 아직까지도 서로를 짐승으로 보고 있는 현실이 슬프다.

미국인 아내가 북한 유치원에 그려져 있던 그 벽화를 보고 난 뒤 무척이나 괴로워했다. 아내는 우리가 만났던 북한 사람들에게 미국인으로서 대신 용서를 구했다. 그들은 그런 아내의 손을 붙잡고 한참이나 같이 울어 주었다. 어쩌면 우리는 모두 기다리고 있는지 모르겠다. 거창한 통일이라는 이름 대신 서로의 마음을 먼저 알아주기를 말이다. 나는 세월이 흘렀어도 전쟁 세대의 아픔이 아직 다 치유되지 않았음을 보았다.

누군가는 나에게 너희가 북한을 얼마나 아느냐고 따져 물을지 모른다. 13년을 그곳에서 살았지만 물론 아직도 다 알지는 못한다. 그러나 북한에도 심장이 뛰는 사람들이 살아가고 있다는 것만은 분명하다. 그리고 남한에도 북한에도 전쟁으로 인한 마음의 상처가 있는 사람들이 70년이 지난 지금도 여전히 살아가고 있다. 아이러니하게도 이산가족이 되어서 말이다.

사랑으로 길을 내다

이데올로기를 떠나서 다들 누군가의 아버지, 어머니이며, 아들이고 딸이었을 사람들이다. 나는 북한에서 그들과 마주하며 이야기를 나누고 함께 살아가고 있다. 그곳 어느 시골 마을에서 장애 아이들과 그의 가족들을 만났다. 그러면서 내 삶은 송두리째 변했다. 내 안에 하나님의 성품을 닮은 참인간의 모습을 회복해 가는 여정이었고, 북한이 아닌 나를 다듬어 가시는 하나님을 만나는 시간이었다.

나는 자주 꿈을 꾼다. 이렇게 하루하루 살아가다 보면 언젠가 우리 모두에게 있는 그 상처를 서로가 들여다봐 주고, 보듬어 줄 수 있는 날이 오지 않을까 하는 그런 꿈 말이다.

열등감 가득한 내게 하나님이 손을 내미셨다

　수영을 시작한 건 초등학교 4학년 때부터였다. 운동으로 대학에 입학했고, 국가대표 상비군으로 발탁되어 활약했을 만큼 나름대로 체육 유망주 시절도 있었다. 하지만 운동은 내 의지로 한 것이 아니었다. 그저 부모님께 등 떠밀려 공부 대신 시작한 궁여지책 같은 것이었다. 겉으론 화려한 엘리트 체육인 코스를 밟은 것 같지만 나에겐 학창시절 내내 숨기고 싶은 고민이 있었다. 그것은 깊고 오래된 열등감이었다.

　어느 집이나 그랬겠지만, 장남에게 거는 기대라는 것이 우리 집에도 있었다. 그런데 나는 부모님의 바람과는 달리 언제나 학교 성적이 바닥이었다. 이상하게도 시험만 보면 열심히 푸는데도 절반 정도 풀 때쯤이면 벌써 끝나는 종이 울렸다.

30

한 번도 제시간에 시험문제를 다 푼 적이 없다. 글자를 읽는 것이 늘 느리고 힘들었다. 그때만 해도 나는 내가 난독증이 라는 사실을 전혀 알지 못했다. 그저 남들보다 뒤처지고 머리 가 나쁜 줄로만 알았다. 훗날 장애 아동들을 돌보면서 나에게 읽기 장애가 있다는 것을 깨달았다. 지금도 나는 여전히 글을 읽는 것이 느리다. 내가 쓴 강의 원고조차도 읽는 것이 버거 울 정도다. 이런 내가 의사가 되었다니, 말도 안 되는 일이지 않은가! 이 사실 하나만으로도 내 인생은 하나님의 은혜가 아니고는 설명할 수 없다.

어머니는 당시 서울대학교 수학과 학생을 내 개인 교사로 붙여 줄 만큼 열정을 다하셨다. 그런데 놀랍게도 과외를 받고 난 뒤 생전 처음으로 종이 치기 전에 수학 시험지를 다 푸는 일이 벌어졌다. 나는 그길로 집에 달려와 어머니에게 의기양 양하게 드디어 내가 수학 100점을 맞았노라고 자랑을 했다. 그날 어머니는 상다리가 부러지도록 음식을 차려 주며 축하 해 주셨던 기억이 난다.

며칠 후 등교해 보니 채점한 시험지가 책상마다 놓여 있었 다. 그런데 어찌 된 일인지 내 시험지만 보이지 않았다. 이상 하다 싶어 책상 속을 뒤져 보니 거기에 시험지가 들어 있었 다. 한껏 기대에 부풀어 시험지를 꺼내 든 순간, 나는 내 눈을 의심했다. 이럴 수가! 0점이었다. 난생처음 제시간에 문제를 풀었으니 무조건 100점인 줄 알았는데, 보고도 믿을 수가 없었다. 어쩌면 내 시험지가 책상 위가 아니라 책상 속에 있었던 것은 당시 선생님이 0점 맞은 나를 배려해 아무도 못 보도록 하셨던 것이 아닌가 하는 생각이 든다.

어쨌거나 이 사실을 받아들일 수 없었던 건 어머니도 마찬가지였다. 그 옛날 아령만 한 다이얼 전화기로 맞아 본 적이 있는가? 나는 그날 먼지가 날리도록 맞았다. 충격을 받으신 어머니는 그날 이후 공부에 대해서는 포기하고 나를 학교 수영부에 보내셨다.

당시 나는 초등학생치고는 덩치가 컸다. 허리 사이즈가 32인치를 웃돌았으니, 웬만한 성인 체격이었다. 그래서였는지 보통은 처음 수영부에 들어가면 자유형부터 배우는데 나는 배영부터 시작했다. 대체로 자유형에 선수들이 몰리고 배영은 출전하는 선수가 드물다 보니 내가 대회에 나가면 1등은 못해도 2, 3등은 차지했다. 공부로는 늘 꼴찌를 도맡아 하던 아이가 메달을 따고, 조회 시간에 학생들 앞에서 상까지 받으니 어린 마음에 그것이 운동을 하는 크나큰 동기가 되었다.

하지만 대학에 들어가면서 자신감이 넘쳐야 할 운동선수가 의기소침한 날이 많았다. 스무 살이 넘었는데도 난독증으로 전공책 한 권을 제대로 읽지 못했기 때문이다. 국가대표 상비군으로 국제대회에 출전할 때는 영어를 쓸 줄 몰라 어머니가 김포공항까지 와서 출국 수속을 대신해 줄 정도였다. 그저 할 줄 아는 건 수영뿐이라 그 나이 먹도록 나잇값을 못하고 있다는 생각에 내 내면에는 수치심과 열등감으로 가득했다. 혹여 내가 이렇다는 걸 누가 알게 될까 봐 늘 두려웠고, 성격은 점점 소심해졌다.

그런데 이런 나를 조금씩 바꾸어 놓은 것이 바로 신앙이었다. 인천에 살던 나는 체육특기생으로 서울에 올라오면서 성동구에 있는 체육인 교회를 다니게 되었고, 그곳에서 본격적인 신앙생활을 시작했다.

그러던 어느 날 내 삶에 잊을 수 없는 밤이 찾아왔다. 그날은 교회에서 집회가 있었다. 목사님이 설교를 마치면서 청중을 향해 물었다.

"만약 지금 하나님이 당신에게 아주 먼 나라에 가라고 하신다면, 가겠다고 할 사람이 있습니까? 그 사람은 앞으로 나오십시오."

목사님은 뛰어난 운동선수들이 자신의 재능을 살려 전 세계로 나아가야 한다는 비전을 갖고 우리를 양육하고 있었다. 그날 밤 목사님의 이 도전이 내 마음을 움직였다. 나는 이 말씀에 모두가 순종해야 한다고 생각했다. 기독교인이라면 어디서든 자신의 재능을 가지고 하나님의 사랑을 나누는 삶을 살아야 한다고 여겼다.

나는 벌떡 일어나 강대상 앞으로 걸어 나갔다. 당연히 나말고도 많은 사람이 나갈 것이라고 생각했다. 그런데 뭔가 이상한 느낌이 들어 뒤를 돌아보니 서 있는 사람은 나 혼자였다. 친구들은 걱정스러운 눈빛으로 나를 바라보고 있었다. 나는 그런 친구들에게 안 나오고 뭐 하느냐는 무언의 눈빛을 보냈다. 결국 그날 강대상 앞으로 나간 사람은 나 하나였다. 모두 나를 주목했다. 분위기를 보니 이미 나온 길을 돌이킬 수도 없었다. 얼떨결에 나온 나에게 목사님은 안수기도를 해주었다. 그 순간 놀라운 일이 일어났다. 나를 압도하는 성령의 임재를 경험한 것이다. 하나님은 살아 계시며 평생 그분과 함께하리라는 것을 깨닫게 되는 순간이었다.

어쩌면 지금 내 삶의 시작은 여기서부터였던 것 같다. 돌아보면 뭣도 모르고 강대상 앞으로 나갔던 나의 걸음은 분명 하나님의 부르심이었다. 그분은 열등감으로 가득한 나를 부르셨다. 마치 뽕나무에 올라간 삭개오를 부르셨던 것처럼 말이다. 그것은 내 대단한 결단이나 각오에서 시작한 것이 아니었다. 내가 가진 재능이나 능력을 보신 것도 아니다. 하나님은 그저 당신을 향한 뜨거운 마음, 말씀에 순종했던 그 마음 하나를 봐 주셨다. 부끄러움에 쭈뼛거리고 서 있던 작은 자를 선택해 주셨다. 할 줄 아는 거라고는 아무것도 없다고 여기던 나에게 이 세상에 하나님의 사랑을 나누는 일을 함께하자고 손 내밀어 주셨다. "세상의 미련한 것들을 택하사 지혜 있는 자들을 부끄럽게 하려 하시고 세상의 약한 것들을 택하사 강한 것들을 부끄럽게"(고전 1:27) 하신다는 성경 말씀처럼, 하나님은 연약하기 짝이 없는 나를 부르셨다.

사랑으로 길을 내다

하나님의 기준은 우리의 생각과 다르다. '내가 무엇을 가졌는가?'보다 '모든 것을 가지고 계신 그분이 나를 어떻게 쓰시기로 작정하셨는가?'에 달렸다. 나를 바라보면 선한 것이 없기에 절망뿐이지만 그분을 바라보면 소망이 있다. 내 안에는 열등감으로 가득한 초라한 모습뿐이었지만 하나님은 나를 당신과 함께할 사람으로 부르셨다. 이것이 내 인생에서 가장 큰 은혜다.

수학 0점짜리를 의사로 만드셨다

인생을 산다는 것은 봄, 여름, 가을, 겨울을 지내며 희로애락 속에서 무더위와 한파를 견뎌 보았다는 것일 테다. 신앙도 마찬가지다. 은혜를 맛보았다는 것은 고난의 쓴맛도 경험했다는 말일 테고, 그 시련을 견디며 더 깊은 하나님의 사랑을 깨달았다는 말일 테다.

신앙생활을 하다 보면 '고난이 크면 은혜가 깊다'라는 말을 듣게 된다. 어떤 고난이라 하더라도 아픔을 견디기 쉽지 않다. 다만 지나고 나서 돌아보면 견딜힘을 주셨던 그분의 사랑을 깨닫게 되니 그것이 은혜다. 어쩌면 견딜 만한 고난만 주시기에 다시 일어설 수 있었던 것이 아닐까 싶기도 하다. 분명한 것은 하나님은 합력하여 선을 이루시는 분이다.

은혜의 밤 이후 나에겐 예기치 않은 힘든 시간이 찾아왔다. 어머니가 임파선 암으로 투병 생활을 하고 계셨는데, 암이 온몸에 퍼지면서 여러 장기들을 적출해야 할 정도로 상태가 악화되었던 것이다. 어머니는 무척 고통스러운 날들을 견디고 계셨다. 그런데도 내가 할 수 있는 것은 오직 기도뿐이었다. 매일 눈물의 밤이 이어졌고, 나는 그 어느 때보다 간절하게 기도하며 주님을 의지했다.

결국 어머니는 돌아가셨다. 어머니를 떠나보낸 상실감은 이루 말할 수 없이 컸다. 내 인생의 든든한 버팀목이었기에 어머니의 빈자리가 너무도 컸다. 평생 부족한 아들 뒷바라지만 하다가 떠나신 어머니를 생각하면 자식으로서 해드린 것이 아무것도 없다는 생각에 그저 한없는 후회만이 밀려왔다.

갈 곳 없는 나는 하나님 앞에 나아가 엎드려 울었다. 하나님은 그런 나에게 다가와 등을 두드려 주시며 조용히 눈물을 닦아 주셨다. 말씀과 찬양으로 날마다 위로하며 안아 주셨다. 그 따스한 손길을 느낄수록 나는 하나님 앞에 더욱 나아갔고, 그때 살아 계신 예수님을 인격적으로 만나게 되었다.

어머니를 하늘나라로 떠나보내며 내 믿음은 더욱 뜨거워졌다. 하나님은 이 시간을 통해 어린아이와 같던 나의 신앙을 더욱 단단하게 만들어 가고 계셨다. 그때 만난 주님은 열등감으로 가득했던 내 모습을 있는 그대로 받아 주셨다. 누군가와 비교하지도 않으셨다. 나는 여전히 부족한 것투성이였지만,

"진리가 너희를 자유롭게 하리라"(요 8:32)는 말씀처럼 하나님 안에서만큼은 자유로웠다.

그러고 나니 나의 비전과 소명을 확인하고 싶어졌다. 운동 선수가 아닌 뭔가 의미 있는 다른 일을 해보고 싶어졌다. 그때까지만 해도 아무것도 할 줄 아는 게 없었지만 그래도 하나님에 대한 사랑과 열정만큼은 누구보다 뜨거웠다. 나는 하나님께 내가 앞으로 무엇을 하면 좋을지, 하나님은 무엇을 원하시는지 묻기 시작했다. 그러던 어느 날, 기도 가운데 '불가능에 도전하라'는 마음을 주셨다.

'불가능한 일이라고?'

그 순간 내 머릿속에는 초등학교 시절 수학 시험에서 0점을 받았던 기억이 불현듯 떠올랐다. 생각해 보니 나에게 불가능한 일은 두말할 것도 없이 공부였다. 운동을 시작한 이후로는 공부라는 걸 해본 적이 없기 때문이다. 다소 뜬금없어 보이는 하나님의 말씀이었지만 나는 '제가요? 왜요?'라고 반문하지 않았다. 내가 할 일은 질문이 아니라 순종이었기 때문이다. 나는 하나님을 위해 내 인생에서 가장 불가능한 일에 도전하기로 결심했다.

'그렇다면 구체적으로 어떤 공부를 해야 하는가?'를 두고 다시 기도했다. 처음엔 내가 할 줄 아는 것이 수영이니 체육학 교수가 되어야겠다는 생각을 했다. 그런데 마음에 평안이 없었다. 그러던 어느 날 기도하던 중에 느닷없이 의료인에 대

사랑으로 길을 내다

한 마음을 주셨다. '의사라고?' 나는 깜짝 놀랐다. 이것이야말로 단 1퍼센트의 가망성도 없는, 절대 일어날 수 없는, 실현 불가능한 일이었다. 아무리 그래도 그렇지, 조금이라도 도전해볼 만한 것이라야 뭐라도 해볼 텐데, 이건 정말이지 아니었다. 혹시 옆방에서 누가 의사 되게 해달라고 기도하는데, 그쪽에 가야 할 응답이 나에게 잘못 온 것이 아닌가 싶은 생각까지 들었다. 공부라고는 해본 적도 없는 내가 의학이라니⋯. 그런데 다시 곰곰이 생각해 보니 이런 결론이 나왔다.

'내 능력으로는 엄두도 못 낼 의학 공부야말로 불가능 중의 불가능이 아닌가? 그러니 이것이야말로 하나님이 하실 일이구나! 가장 연약한 자를 들어서 쓰시는 하나님, 그런 하나님의 일하심을 보여 줄 수 있는 절호의 기회일 수 있겠다.'

나는 그날부터 의사가 되겠다는 꿈을 품었다. 그리고 무작정 미국 유학을 가기로 결정했다. 내가 이런 결심을 이야기하자 아버지는 완강히 반대하셨다. 그동안 지켜봐 온 아들을 생각하면 말도 안 되는 일이라고 여기셨던 것이다. 아버지가 내게 하신 첫 마디는 "네가 드디어 미쳤구나"였다. 아버지의 반응은 어찌 보면 당연한 일이었다. 누군들 내가 제정신으로 보였겠는가. 그도 그럴 것이 당시 나는 영어 한마디를 할 줄 몰랐다. 아버지는 분명 아까운 돈만 낭비하고 다시 돌아올 거라며 내 미국행을 막으셨다.

무모하기 짝이 없다는 것은 아버지도 알고 나도 알지만 그러기에 더욱더 하나님을 붙잡을 수밖에 없었다. 결국 나는 그 믿음 하나로 미국 유학길에 올랐다.

우선은 한국에서 수영 선수 생활을 같이 했던 친구가 살고 있는 시카고로 갔다. 그곳에서 일을 하며 1년간 언어를 배우기로 했다. 하지만 세상에 만만한 것은 없었다. 말은 어느 정도 소통이 되었지만 막상 공부를 하려니 너무도 막막했다. 더군다나 외국인이 미국 대학에 들어가려면 그 당시 토플 점수가 500점 이상은 되어야 했는데, 나는 시험을 열두 번이나 봤는데도 500점이 안 되었다. 의사가 되기는커녕 대학에 들어가는 것조차 꿈도 못 꿀 상황이었다.

그때 숙소의 룸메이트가 자신이 입학할 대학에 면접을 보러 가는데 함께 가줄 수 있겠느냐고 내게 부탁을 했다. 나는 학교 구경이나 할 겸 그를 따라갔다. 시카고 근교에 있는 올리벳 나사렛대학(Olivet Nazarene University)이라는 기독교 학교였다. 나는 친구가 입학 상담을 받는 동안 상담실 앞에서 기다리기로 했다. 그런데 갑자기 나도 한번 상담을 받아 보고 싶다는 생각이 들었다. 그래서 무작정 입학 담당자를 만나기 위해 기다렸다. 어느 정도 시간이 지났을까. 안에서 들어오라는 사인을 했다. 그는 약속도 없이 찾아온 나를 감사하게도 만나주었고, 하고 싶은 말이 있으면 해보라고 했다.

나는 무척 떨렸지만 침착하게 이야기를 꺼냈다. 비록 토플 성적은 학교에서 원하는 수준에 미치지 않지만 하나님의 말씀을 따라 미국까지 오게 되었다고, 그 이유를 자세히 설명했다. 그리고 반드시 의사가 되겠다는 강한 의지를 보였다. 나는 그 어느 때보다 진지했고 뜨거웠다. 나는 이어서 '하나님에 대한 열정을 가진 나를 이런 기독교 학교가 받아 주지 않으면 어떤 학교가 받아 주겠는가, 그러니 이 학교가 나를 꼭 받아 주어야만 한다'고 설명했다. 나도 어디서 그런 자신감이 생겼는지 모를 만큼 확신에 차서 이야기했다.

입학 담당자는 내 이야기를 끝까지 듣더니 엷은 미소를 지으며 그 자리에서 입학을 허락했다.

"정말인가요?"

나는 내 귀를 의심했다. 말해 놓고도 내가 더 놀랄 지경이었다. 친구 따라간 학교에서 500점도 안 되는 영어 점수로 입학 허가를 받게 된 기적 같은 일이 일어난 것이다. 그는 대신 조건부 입학을 내걸었다. 1년 동안 성적 중에 F가 하나라도 있으면 다시 토플 점수를 받아서 들어와야 한다는 것이었다. 나는 그 약속을 반드시 지키겠노라고 대답했다. 이 모든 일에서 분명한 하나님의 인도하심을 느낄 수 있었다.

그후 나는 한 과목도 F를 받지 않기 위해 죽기 살기로 공부에 매달렸다. 남들이 두 시간 공부하면 나는 여덟 시간을 공부했다. 한번 책상에 앉으면 일어날 줄 몰랐다. 난독증으로 책을 읽는 속도도 느렸고, 초등학교 시절에 다 배우고 들어오는 산수와 분수를 이제야 공부하기 시작했지만, 남들보다 늦은 만큼 더 열심히 노력했다. 형편이 넉넉하지 못했던 탓에 낮에는 식당에서 접시를 닦고, 밤에는 학교 보일러실에서 일했다. 주말에는 벼룩시장에서 물건을 팔기도 했다. 몸은 피곤했지만 한순간도 공부에 대한 집념을 놓지 않았다.

그 힘든 공부를 할 수 있었던 것은 운동선수 시절 독하게 훈련했던 덕이라고 생각했다. 운동을 몇 시간씩 하다 보면 배가 고파서 더는 못 하겠다 생각이 드는 때가 온다. 그러면 허기를 달래기 위해 수영장 물을 마셔 가면서도 훈련을 멈추지 않았다. 그렇게 고생하며 운동도 했는데 앉아서 하는 공부 못 할 게 있나 하는 심정으로 책상에 앉았다. 고통스럽고 힘들었던 그 시절의 훈련이 감사하게 느껴지는 순간이었다. 온몸으로 배운 인내와 끈기를 미국에서 공부하는 데 쓸 줄은 꿈에도 몰랐다. 하나님은 우리의 경험들을 단 하나도 허투루 버리시는 분이 아니다.

나는 입학 담당자와 한 약속을 지키기 위해 최선을 다했다. 그 덕에 단 한 번도 F를 받지 않고 생물학과를 무사히 졸업할 수 있었다. 이 공부를 통해서 하나님은 나를 놀랍게 바꾸어 놓으셨다. 과거에 수학 0점을 맞았던 내가 미국에서 수학 과외를 해주는 사람이 된 것이다. 이 사실을 한국에 계신 아버지는 믿지 못하셨다. 감사한 것은 공부를 하면서 내 안에 오랜 시간 자리하고 있던 열등감마저도 사라지기 시작했다는 것이다.

사랑으로 길을 내다

의사로서 내 전공은 '척추신경학'(카이로프랙틱)이라는 분야다. 별다른 장비 없이 주로 손으로 자극을 가해서 척추나 허리, 관절 등의 질환을 치료하고 교정한다. 아직 한국에는 도입되지 않았지만 미국을 비롯해 영국과 호주, 캐나다 등에서 많이 선호하는 학문이다. 진로를 정하게 될 무렵, 주변에서는 외과나 내과를 권유했지만 이 분야를 제안받았을 때 왠지 내 마음에 특별하게 다가왔다. 이후 LA에 있는 클리블랜드 카이로프랙틱 의과대학(Cleveland Chiropractic College)에 진학해 척추신경학 박사학위를 받았다.

이때까지만 해도 하나님께서 이것을 통해 북한에서 얼마나 놀라운 일을 하실지 상상도 못 했다. 이 모든 여정이 믿어지지 않을 만큼 하나님 손에 이끌렸다는 것을 이제야 깨닫는다. 많은 것이 모자란 나였지만 하나님을 만난 이후에는 그분이 하라시면 무조건 하겠다는 순종의 각오가 있었다. 여호수아 3장에서 언약궤를 멘 제사장들이 요단강에 발을 내디뎠을 때 물이 갈라졌던 것처럼 말씀에 순종하고 걸음을 내디뎠을 때 그 뒤에는 하나님이 이끌고 계심을 느꼈다.

불가능에 도전하라는 말씀 하나를 듣고 여기까지 왔지만 나 같은 사람이 해낼 수 있을지 고민이 많았다. 그러나 하나님은 이루셨다. 내가 한 일은 오직 그 말씀을 따라 발을 내딛고, 온 힘을 다해 노력하며, 하나님을 붙잡은 것이다. 그러는 사이 하나님은 사람들 눈도 제대로 못 쳐다볼 정도로 주눅 들어 있던 나에게 커다란 자신감을 불어넣어 주셨다. 하나님 안에서 귀한 존재로 세워 주시며 자존감을 회복시켜 주셨다.

나는 불가능을 가능하게 할 능력이 없다. 불가능을 가능케 하시는 분은 오직 하나님뿐이시다. 한 걸음 한 걸음 그분을 믿음으로 따라가다 보니 어느새 내 인생은 '불가능'이라 쓰고 '기적'이라고 읽는 삶이 되었다.

"북한이 너의 집이다"

사람들은 내게 북한에 갈 생각은 어떻게 하게 되었는지 묻곤 한다. 사실 북한에 대한 마음은 내가 아닌 아내 조이의 부르심에서부터 시작되었다.

나는 대학에서 조이를 만났다. 그 학교에서 나는 유일한 한국 사람이었다. 조이는 백인이고 미국인이지만 한국에서 자랐다는 공통점 때문에 우리는 금세 친해졌다. 또한 우리는 둘다 생물학을 전공했고 같은 국제교류 동아리에서 활동하고 있었다. 이렇게 관심 분야가 비슷하다 보니 서로 통하는 것이 많았다. 우리는 크리스천 전문가로서 국제사회에 봉사하는 것이 비전이었다. 열정으로 불타올랐던 젊은 날이었기에 만나기만 하면 어떻게 이 일을 실천할까 고민하며 심도 있는 대화를 나누었다.

그때만 해도 나는 중동 국가에 관심이 있었다. 북한에 마음이 있었던 조이는 캠퍼스에서 이야기를 나누며 자신이 어떻게 북한에 특별한 마음을 갖게 되었는지 들려주었다. 조이가두 살 무렵 그녀의 부모님은 나사렛성결교단에서 파송되어한국으로 들어갔다. 아버지는 마동진, 어머니는 마미령이라는 한국 이름으로 25년간 대전과 천안 지역에서 사역했고, 천안 나사렛대학교에서 교수로 학생들을 가르쳤다. 조이는 고등학교까지 한국에서 지냈다. 그러다 보니 교포 자녀들이 청소년기에 겪는 정체성에 대한 혼란을 그녀 역시 혹독하게 겪었다. 한국에서 유년기와 청소년기를 보냈지만 정작 한국 사람들은 백인인 그녀를 한국인으로 받아주지 않았다. 안식년을 맞은 부모님을 따라 미국에 가 봐도 상황은 마찬가지였다. 조이는 그곳 문화에도 적응하지 못했고, 하루빨리 한국으로돌아가고 싶은 마음뿐이었다. 어디에도 속하지 못하는 자신을 보며 그녀는 '나는 도대체 누구인가?'라는 정체성에 대한고민으로 늘 괴로웠다.

그러던 중 조이는 한 수련회에 참석했다. 그리고 그곳에서주님이 주시는 놀라운 말씀을 들었다. 뜻밖에도 그것은 "북한이 너의 집이다"라는 것이었다. 하나님은 그녀가 북한으로 가기를 원한다고 말씀하셨다. 그 순간, 자신이 한국에 온 것은북한에 가기 위한 과정이었음을 깨달았다. 그리고 그때야 비로소 내가 누구인가에 대한 정체성이 회복되었다. 그때가 그녀의 나이 겨우 열다섯 살이었다.

조이는 그동안 자신에게는 고향이 없다고 생각했다. 어디서나 이방인이었다. 여러 도시를 다니며 이사했고, 한국과 미국 문화 사이에서 어떤 것이 자신의 뿌리인가에 대해 혼란스러웠다. 전형적인 제3문화권의 아이로 살아왔던 것이다. 그녀는 종종 자신을 마치 겉과 속이 다른 삶은 계란과 같다고 여겼다. 겉모습은 백인이지만 내면적으로는 동양인이었기 때문이다. 그런 그녀가 북한에 가길 원한다는 하나님의 말씀을 들었을 때, 이제껏 자신이 한국에서 살아온 모든 삶이 한순간에 이해되었다.

그날부터 조이는 북한을 향한 마음을 갖게 되었다. 그 땅을 위해 자신의 삶을 드리기로 결심했다. 그러나 그때만 해도 북한에 갈 수 있는 길이 전혀 없었다. 더군다나 90년대 당시 보도되는 북한에 대한 뉴스는 핵무기와 기근에 관한 것뿐이었다. 그녀가 앞으로 북한에 가서 살겠다고 말했을 때 주변 반응은 긍정적이지 않았다. 그것이 이루어질 수 있을 거라고 말하는 사람은 단 한 사람도 없었다. 모두가 그것은 단지 꿈일 뿐이라고 말했다. 하지만 조이는 그 불가능한 꿈을 꾸기 시작했다. 언제 갈지, 또 어떻게 갈지는 알지 못했다. 비록 지금 당장은 아닐지라도 언젠가는 북한에 가서 살 것이라는 믿음을 가지고 그때를 묵묵히 기다렸다.

조이와 달리 나는 북한에 대해서는 전혀 생각해 보지 않았다. 더군다나 한국에서 자란 내가 북한에 간다는 것은 감히 상상도 해보지 않은 일이었기 때문이다. 무엇보다 북한에 대한 선입견이 있었다. 초등학교 때 배운 아오지 탄광이나, 포스터에 그려진 머리에 뿔 난 사람의 이미지가 먼저 떠올랐던 것이다.

결혼할 때쯤 조이가 나에게 물었다.

"당신이 중동 이슬람에 집중하고 있다는 걸 알아요. 나는 당신을 따라서 그곳에 갈 수 있지만, 만약 하나님이 우리 가족에게 북한에 가서 살라고 하신다면 당신은 어떻게 할 건가요?"

나의 대답은 그리 오래 걸리지 않았다.

"하나님이 가라는 곳이면 가야지."

조이는 그 대답을 듣고 나와 결혼했다. 그러나 나는 속으로 하나님이 우리 가족을 절대 그곳에 보내실 리 없다고 확신하고 있었다.

의과대학원에 재학 중이었을 때, 평소 잘 알고 지내던 친구에게서 전화가 왔다. 북한을 주제로 한 컨퍼런스가 있으니 한번 가보지 않겠냐는 것이었다. 궁금하기도 했지만 대학원 공부가 만만치 않았던 터라 마음에 부담이 생겼다. 사실 그보다도 가난한 학생 부부였기에 돈이 없었다. 겨우 생계를 유지하고 있는 상황이라 참가비를 생각하니 이래저래 망설여졌다.

그런데 그 컨퍼런스에서 재정이 부족한 사람들을 위한 후원금 제도가 있다는 친구의 말에 나는 기쁜 마음으로 참가하게 되었다. 나중에 알고 보니 그때 그 후원금은 내 형편을 잘 알고 있던 친구가 대신 참가비를 내 준 것이었다. 어쩌면 그 친구의 섬김이 지금 우리 가족을 북한에서 살게 한 마중물 같은 것이 아니었을까 생각한다.

그날 컨퍼런스에서는 놀라운 만남이 예비되어 있었다. 사업을 하며 북한에서 살고 있는 한국인 2세 가족을 만난 것이다. 그는 어린 자녀를 데리고 4년째 그곳에서 살고 있었다. 정말로 북한에 살고 있는 사람이 있다니, 그것도 가족이 함께 살 수 있다니, 그 사실이 너무도 신선한 충격으로 다가왔다. 나는 그동안 북한에 들어가는 일은 불가능하다고만 생각했다. 게다가 가족이 같이 산다는 생각은 더더욱 하지 못했다. 그런데 그를 만나고 나니 이상하게도 가슴이 뛰었다.

나는 집에 돌아와 잔뜩 흥분한 채로 그날 있었던 이야기를 아내에게 전했다. 조이는 내 이야기를 듣더니 의미심장한 미소를 지었다.

"여보, 이제 때가 되었네요."

컨퍼런스를 다녀온 뒤 하나님은 북한에 대한 내 생각을 완전히 바꾸어 놓으셨다. 그동안 내가 가야할 곳은 중동이라고만 생각했는데, 그 생각이 바뀌어 북한이 된 것이다. 하지만 한편으로는 걱정도 되었다. 어린 시절부터 들어 왔던 북한에 대한 왜곡된 정보로 막연한 두려움이 남아 있었기 때문이다. 그러나 하나님이 부르시는 곳이라면 어디든 갈 준비가 되어 있었다. 시간이 흐를수록 점점 더 우리가 북한에 가서 사는 것이 하나님의 뜻이라는 생각이 들었다.

무엇보다 내 마음을 파고들었던 것 중 하나는 사랑이었다. 그것은 북한을 향한 사랑이기보다 주님을 향한 사랑이었다. 그 사랑이 닫혀 있던 내 마음을 열어 준 열쇠였다. 돌아보면 인생의 수많은 결정 속에서 이것이 내 삶을 주장해 왔던 것 같다.

그 사랑은 나의 아내에게서 흘러왔다. 미국인인 조이가 저토록 북한을 사랑하는데 오히려 같은 동포인 나는 그렇지 못했다는 미안함이 있었다. 나의 시작이 아내의 뜨거움만큼은 아니었어도 결국은 우리가 함께 타오를 것을 알고 있었다. 특히 '북한을 도우려 쌀과 약품 등과 같은 물자를 보내면서, 왜 거기에서 그들과 함께 살려는 사람은 없는가! 누군가는 같이 살아야 한다'는 도전이 나의 가슴을 두드렸다.

우리는 그곳에서 어떤 일을 하겠다는 생각도, 무슨 큰일을 이루겠다는 계획도 없었다. 그저 주님이 우리를 사랑하신 것처럼 그들을 사랑하며 그들과 함께 살아야겠다는 것뿐이었다.

사랑으로 길을 내다

하나님이 책임져 주실 것을 확신했다

우리 부부는 결혼 후에 LA에서 생활했다. 재미 교포 사회에서 이런저런 봉사를 하기도 하고, 교회에서도 학생부를 맡아 2세들을 교육하는 사역을 했다. 교회에서는 우리 아이들을 무척이나 예뻐해 주었고, 젊은 부부가 와서 사역을 하니 항상 격려하고 챙겨 주었다.

북한으로 가기 전까지 나는 병원을 운영했다. 교사로 섬기던 교회에서 병원을 인수했는데 운영을 담당할 사람이 필요해 내가 행정원장을 맡아서 일했다. 이런 일들도 언젠가는 도움이 되겠지 하는 마음에 무엇이든 맡겨 주면 성실하게 임했다.

우리를 아는 사람들은 평소에 우리가 다른 나라로 가서 일하고 싶어 하는 것을 알고 있었다. 하지만 그 다른 나라가 북한이라는 것에 대해서는 다들 이해하지 못했다. 우리가 북한으로 떠난다고 했을 때는 아무도 축하해 주는 사람이 없었다. 다들 걱정이 이만저만이 아니었다. 특히 아이들까지 함께 간다는 사실을 알았을 때는 모두가 반대하고 나섰다. 어른들이 간다면야 뭐라 할 수 없는 일이지만 아이들이 무슨 죄가 있어서 그곳으로 데려가느냐는 것이었다. 그들 생각으로는 북한에서 산다는 것이 고생을 각오하는 일이라 여겼기 때문일 것이다. 반대 또한 걱정하는 마음에서 나온 것임을 알기에 내심 섭섭했지만 감내해야 할 일들이라고 생각했다.

　제일 큰 문제는 아버지였다. 어머니가 돌아가시고 난 뒤 그동안 장남인 내가 아버지를 모시고 살았다. 그런데 북한으로 떠난다는 말씀을 드릴 수가 없었다. 차마 입이 떨어지지 않았다. 차일피일 미루고만 있다가 결국 떠나기 얼마 전에야 말씀을 드리기로 했다. 정성스럽게 음식을 차려 놓고 아버지에게 우리가 가진 비전을 설명하면서 앞으로 일할 곳이 정해졌다고 이야기했다.

　"거기가 어디라고?"

　"북한입니다."

　그 말이 떨어지기가 무섭게 아버지는 밥숟가락을 내던지며 욕설을 퍼부으셨다.

　"이 미친놈아, 갈 곳이 없어서 하필 거기엘 가겠다는 말이냐?"

아버지는 더 이상 우리를 마주하지 않고 자리를 박차고 나가셨다.

다음날 아버지는 평생 처음으로 새벽기도라는 것을 하러 교회에 가셨다. 내 기억 속 아버지는 크리스마스 때만 교회에 나가는 분이었다. 어머니 소원을 일 년에 한 번은 들어주겠다고 송구영신 예배에 잔뜩 술에 취한 채 나가서는 맨 뒤에 앉아 있다가 오던 분이었다. 그런 아버지가 아들 때문에 스스로 교회에 나가신 것이다.

새벽마다 아버지가 하신 기도는 "주님, 저들의 길을 막아주십시오"였다고 한다. 몇 날 며칠 그 기도를 하러 열심히 교회에 가셨다. 그런데 며칠 후 아버지가 우리를 다시 부르시더니 자신도 그곳에서 함께 일할 것이 없겠냐고 하시는 거였다. 생각지도 못한 놀라운 반전이었다. 훗날 아버지는 우리에게 그날의 이야기를 들려주었는데, 신앙도 깊지 않던 아버지가 기도하러 가서 앉아 있기만 하면 생때같은 내 자식, 내 손주들이 그곳에서 얼마나 힘들까 싶은 생각에 가서 뭐라도 도와줘야겠다는 마음이 들었다는 것이다. 눈앞의 모든 장애물을 뛰어넘는 아비의 마음이었다.

하나님은 우리에게 당신의 사랑이 어떤 것인지 알려 주기위해 부모라는 이름을 사용하신다. 부모가 되어 자식을 향한 가슴 찢기는 사랑을 대신 맛보게 하시는 것이다. 아버지는 비록 신앙이 깊지는 않았지만 자식을 향한 사랑이 어떤 것인지는 알고 계셨다. 우리가 북한에 들어간 후 함경도 나선에서 신발공장을 운영할 때 아버지는 우리가 있는 곳에 와서 함께 일해 주셨다.

사실, 북한으로 떠나기 직전까지 우리는 필요한 재정이 다 마련되지 않은 상황이었다. 그래서 계획을 미뤄야 할지에 대해서 고민하고 있었다. 그런데 참석한 집회에서 언더우드에 대한 이야기를 듣고 우리 부부는 큰 도전을 받았다. 언더우드는 19세기에 처음으로 한국을 방문한 기독교인으로, 학교를 설립하고 의료 분야에도 커다란 힘을 보탠 사람이다. 그는 한국에 오기 전 다른 나라로 갈 준비를 했지만 후원금이 부족해 가지 못했다고 한다. 그런데 한 낯선 사람이 찾아와 자신이 후원금을 줄 테니 대신 한국으로 가 달라고 요청했다는 것이다. 그 결과 그는 평생을 한국과 한국 사람들을 위해서 수많은 사역을 하게 되었다. 그 이야기를 들었을 때 바로 우리에게 하시는 말씀이라는 생각이 들었다.

우리가 할 일은 그저 순종이었다. 우리는 예정대로 북한과 그곳 사람들을 섬기고 사랑하기 위해 떠나기로 결정했다. 아내는 나에게 하나님께서 반드시 재정을 채워 주실 거라고 말했다. 그런데 그 말이 끝나자마자 전화가 걸려 왔다. 한 달 전에 우리가 만났던 집사님이었다.

"어떤 이유에서인지 계속해서 당신을 생각나게 하시네요.

우리 회사에서 매월 얼마간의 후원금을 지원하고 싶습니다."

전화를 끊고 나서 아내와 나는 서로의 얼굴을 바라보며 미소를 지었다. 하나님은 정확하게 부족한 만큼의 재정을 채워 주셨다. 우리는 마지막 순간까지 하나님의 응답을 확인했고, 의심의 여지 없이 이 길을 가기로 했다. 이것을 통해 우리는 북한에서 사는 동안 모든 필요를 주님이 책임져 주실 것을 더욱 확신했다.

이렇게 우리는 남은 숙제들을 모두 풀고 미국에서의 생활을 정리한 뒤 북한으로 향했다. 오래전 열다섯 살 소녀가 품었던 그 엄청난 꿈이 실현되는 순간이 온 것이다. 아내의 기도가 시작된 지 꼭 15년 만이었다.

여기에도 사람 사는 냄새가 나고 있었다

2007년 4월, 봄인데도 눈이 내리는 추운 날씨였다. 출발부터 얼마나 긴장했는지 온몸이 다 뻣뻣해질 정도였다.

중국 연길에서 두세 시간 정도를 가야 북한 국경에 도착한다. 멀리서 두만강을 바라보니 너무도 삭막했다. 오늘 내가 저곳에 들어가야 한다고 생각하니 갑자기 속이 울렁거리기 시작했다. 또다시 어린 시절 보았던, 뿔과 꼬리가 달린 북한 사람들의 그림이 떠올랐다. 7-80년대 당시 북한 사람을 그리라고 하면 대부분 도깨비를 닮은 그림들이었다. 그러니 북한에 대한 막연한 두려움이 나도 모르는 사이에 자리 잡고 있었던 것이다. 게다가 낯선 세계로 들어간다는 것 때문에 아무리 마음을 다잡고 다잡아도 자꾸만 불안과 긴장이 엄습해 왔다.

가는 내내 자동차 타이어에 펑크라도 났으면 싶은 마음이 들 정도였다.

출입국관리소에 도착하니 마침 점심시간이었다. 직원들은 식사를 하기 위해 자리를 비웠고 모든 업무가 중단되었다. 입국자들을 위한 대기실도 없었다. 어디로 가야 할지 알려 주는 표지판도 없었다. 어떤 이유에서인지 우리의 초청장이 정확하게 처리되지 않아 안내해 줄 지도원도 아직 도착하지 않았다. 우리는 난방도 없는 빈 관리소에서 두 시간 동안 오들오들 떨며 관계자가 오기만을 기다렸다. 추위 때문에 떨었는지 아니면 두려움에 떨었는지 모르겠다.

잠시 후 우리를 데리고 갈 정부 지도원 두 명이 왔다. 동행한 김재열 목사님이 그들을 가리켜 앞으로 우리를 안내할 분이라고 소개해 주었다. 지도원들을 본 아내의 첫마디는 "너무 잘생겼다"였다. 그 말을 듣고 보니 정말 보기 드물게 잘생긴 외모였다. 우습지만 그때가 처음으로 내가 북한 사람을 뿔 달린 얼굴이 아닌 사람으로 본 순간이었다.

입국 절차를 마친 후 우리는 마을로 출발했다. 차를 타고 비포장 산악도로를 달려야 했다. 이동하는 내내 지도원들은 나에게 가족은 어떻게 되는지, 몇 살인지 이것저것 질문을 쏟아부었다. 얼마나 얼었던지 내 대답은 그저 '예' 아니면 '아니오'가 전부였다. 미국에서 젊은 부부가 왔으니 그들도 궁금해서 물어본 것일 수 있었을 텐데, 나는 꼭 심문을 당하는 기분이었다. 아내는 그런 마음을 알았는지 잔뜩 움츠리고 있는 내 어깨를 살며시 다독여 주었다.

그제야 나는 겨우 창밖을 내다볼 여유가 생겼다. 희한하게 도 이런 내 마음과는 상관없이 차를 타고 가는 동안 눈앞에 펼쳐진 북한의 풍경은 너무도 한적해 보였다. 교복을 입은 아이들은 삼삼오오 짝을 지어 걸어갔고, 농부는 황소와 수레를 끌고 논으로 향했다. 한국의 여느 시골 마을처럼 소박한 일상이 펼쳐지는 풍경이었다. 시내로 들어가니 거리에는 주로 회색이나 검은색 종류의 옷을 입은 사람들이 눈에 띄었다. 그리고 북한 특유의 붉은 색 선전 간판이 건물과 광고판에 여기저기 걸려 있었다. 이제야 우리가 북한에 들어왔다는 것이 실감되었다.

지금도 그렇지만 북한 방문은 거의 대부분 북한에서 일하는 사람들과 사업적 관계가 있을 때 그들의 초청을 통해서 이루어진다. 그 당시 북한에서 사역하는 분들은 주로 유치원이나 탁아소 등을 짓고 여러 분야에서 인도주의적 사업을 하고 있었다. 우리는 캐나다 교포 출신으로 90년대부터 북한에 들어가 있던 김재열 목사님의 초청을 받아 북한을 방문했다. 그분은 나선지역에서 여러 사업과 함께 치과와 산부인과 등 세 개의 병원을 지어 운영하고 있었다.

나선지역은 북한의 경제특구 중 한 곳으로 함경북도 나선 특별시(나진과 선봉을 합친 행정구역)다. 이곳은 북한 최초의 경제

사랑으로 길을 내다

자유무역지대로 외국인들이 들어와 살면서 일할 수 있도록 허용하고 있다. 투자와 지원을 받기 위해 개방한 것인데, 외국인과 해외 동포들에게 호의적인 곳이기 때문에 여러 개인과 단체가 자리를 잡고 활동하고 있다.

특히 북한은 통일은 남과 북만의 힘으로 되는 것이 아니라 해외에 있는 우리 민족이 함께 힘을 합쳐야 한다고 말하며 해외 동포들의 북한 방문을 국가적으로 지원하고 장려하고 있다. 그래서 해외동포사업국이라는 기관을 만들어 나처럼 미국 시민권이나 다른 나라 여권을 가진 동포들이 북한에 들어와 일할 수 있게 해주고 있다.

처음 우리를 부른 곳은 비료공장이었다. 미국에서 고등학교 교사로 일하던 아내와 병원에서 일했던 내가 비료공장에 가서 무엇을 할 수 있을까 생각했다. 하지만 우리가 정말로 하고 싶었던 것은 그들과 사는 것이었기 때문에 아무래도 괜찮았다. 거창한 목표나 계획 따위는 없었다. 할 수만 있다면 어떤 일이든 할 생각이었다. 그런데 출국하기 얼마 전에 김재열 목사님에게서 연락이 왔다. 비료공장 말고 자신이 운영하고 있는 병원에 와서 도와달라는 것이었다. 우리는 훈련된 달란트를 활용할 수 있는 영역으로 불러 주신 것에 대해 무척이나 감사했다. 그 덕분에 첫 방문에서 의료 분야와 관련된 장소를 돌아보며 북한의 의료 사역이 어떻게 진행되는지 살펴볼 수 있었다.

방문 일정 동안 호텔에 머물렀는데, 김재열 목사님이 그동안 맺어 놓은 인간관계 덕분에 좋은 방을 얻을 수 있었다. 호텔 객실과 공공건물에서 우리가 하는 모든 대화가 기록될 수 있다고 들었다. 하지만 우리는 미국에서 평소 생활했던 것처럼 아침저녁마다 예배를 드렸고, 북한을 축복하는 기도를 했다.

　낯선 것은 언제나 우리와 동행하는 지도원들이었다. 그들은 우리의 일거수일투족을 감시하고 보고하는 일을 했다. 실제로 북한 사람들은 외국인과 대화를 나누었던 것을 기록해서 당국에 제출해야 한다. 그래서 대부분의 북한 주민들은 외부인들과 대화하기를 꺼린다. 하지만 북한에서 만난 사람들은 생각보다 친절하고 상냥했다. 그들은 우리를 따뜻하게 맞아 주었고 외국인으로서 기꺼이 받아들여 주었다. 장마당을 처음 방문했을 때 아내가 한국말로 인사를 하려고 하면 그들이 웃음을 터트리곤 했다. 아이들은 낯선 외국인의 모습에 신기한 듯 힐끗 쳐다보고는 엄마 뒤에 숨기도 했다. 내가 어린 시절에 외국인들을 대하던 모습 그대로였다. 우리를 의심의 눈초리로 바라보는 사람들도 있었지만 대부분 미소로 인사를 건넸고 다가와 주었다.

　우여곡절 끝에 4박 5일간의 일정을 마치고 우리는 다시 중국으로 돌아갔다. 모든 것이 낯설고 두렵기만 했던 첫 방문이었다. 그러나 긴장감 가득했던 기억을 넘어서 북한에도 사람

사는 냄새가 난다는 것을 느낀 것이 나에겐 가장 큰 수확이었다. 어린 시절 보았던 정겨웠던 시골 풍경이 이곳에도 있고, 나와 같은 언어를 사용하는 사람들이 울고 웃으며 일상을 살고 있었다. 짧은 일정이었지만 우리의 마음은 사뭇 달라졌다. 들어오기 전 막연했던 두려움 대신 북한 사람들을 향한 관심과 사랑이 한 뼘쯤 더 깊어졌다.

여행 비자로 초청을 받았던 우리는 장기체류 비자를 받기까지 북한과 중국을 오가는 일을 반복해야 했다. 하지만 상상만 하던 그곳을 직접 보고 난 뒤, 아내와 나는 우리 가족이 살 곳은 이곳이라고 확신했다. 그리고 이곳에서 사는 것은 잠깐이 아니라 아마도 평생이 될 것임을 직감했다. 앞으로 어떤 일이 펼쳐질지 모르는 떨림 속에서도 우리 삶은 하나님의 것이고, 하나님의 사랑이 여기 북한에 임하기 위해 우리가 쓰여야 한다는 것만은 너무도 확실했다.

하나님은 북한에도 살아 계셨다

2007년 여름, 두 번째로 북한을 방문했을 때였다. 당시 나는 한 달 정도 머물 예정이었다. 그런데 그곳에 들어가자마자 놀라운 일이 일어났다.

보통 북한은 외국인 의사에게 북한 주민을 치료할 수 있는 자격을 주지 않는다. 나 역시 이곳에서 내가 환자를 치료하게 될 것이라고는 기대하지 않았다. 그런데 뜻밖에도 지도원 한 명이 나에게 병원에서 환자를 치료해 달라고 부탁해 왔다. 그 것도 다음날 아침부터 근무를 바로 시작해 달라고 했다. 그 때가 토요일이었다. 다음날이 주일이었기 때문에 김재열 목사님은 지도원에게 일정을 바꿔 주길 부탁했다. 기독교인들은 주일에 예배를 드리니 월요일부터 일을 시켜 달라고 한 것이다. 나는 순간 긴장했지만, 지도원은 순순히 알겠다고 하고 물러섰다.

다음날 주일 예배 가운데 하나님은 나에게 특별한 약속을 주셨다. "믿는 자들에게는 이런 표적이 따르리니… 병든 사람에게 손을 얹은즉 나으리라 하시더라"(막 16:17-18)는 말씀이었다. 하나님께서 놀라운 기적을 베푸실 거라는 확신이 들었다. 나는 내일 이곳 병원에서 만나게 될 환자들을 위해 기도하기 시작했다. 꼭 치유될 수 있도록 말이다. 그러면서도 한편으로는 젊고 병이 생긴 지 얼마 되지 않은 환자들을 보내 달라는 기도도 했다. 치료 효과는 그런 환자들에게서 가장 잘 나타난다는 걸 알고 있었기 때문이었다. 다급한 마음에 이런 부끄러운 기도까지 나왔다. 하지만 진심이었다.

아침 일찍 병원에 도착해 보니 사람들이 벌써 병원 문밖까지 길게 줄지어 서 있었다. 그런데 지난 밤 내 기도와는 정반대로 환자들 대부분이 나이가 많고 만성질환자들이었다. 그들은 치료해 봤자 의학적으로 당장 낫지 않을 사람들이었다. 적어도 몇 달 동안 집중적인 치료를 하거나 수술을 해야 나을 수 있을 것 같았다. 그런데 수술을 할 수 없는 지금 상황에서 도대체 어떻게 해야 하나 고민이 되었다. 내 간절한 기도를 들어주지 않으신 하나님이 원망스러웠다.

지도원이 나를 위층의 치료실로 안내했다. 사람들은 나를 보자 크게 반기는 표정이었다. 외국에서 온 의사에 대한 기대감이 고스란히 느껴졌다. 그 모습을 보니 부담감이 더욱 밀려 왔다. 교육을 받기 위해 배정된 약 10여 명의 북한 의사들이 함께 그 자리에 있었다. 어느새 긴장감이 짙게 깔렸다. 김재열 목사님은 모든 사람이 잠시 나가 있도록 요청한 뒤 나에게 조용히 이야기했다.

"오늘 당신의 지식이나 기술을 의지하지 말고 온전히 성령님을 의지하세요. 오직 그분만이 이 사람들을 낫게 하시니까요."

나는 그 말을 듣고 조용히 기도하며 성령의 기름부으심을 구했다.

드디어 북한에서 첫 치료가 시작되었다. 내 전문 분야는 치료 도구를 거의 필요로 하지 않는다. 치료용 침대와 기술, 그리고 손이 필요할 뿐이다. 나는 걱정 반 기대 반의 심정으로 환자를 위해 속으로 기도하며 한 사람 한 사람을 만지고 정성껏 치료했다. 밤 10시까지 치료를 마친 뒤 숙소에 돌아와 조금은 허탈한 마음으로 하나님께 투덜거렸다. 이런 엄청난 기회가 주어졌는데 어떻게 이러실 수 있는가, 눈에 띄게 나을 만한 사람이 아무도 없지 않은가 하고 말이다. 기대했던 기적은 일어나지 않았고, 그들이 실망했을 거란 생각에 잠도 오지 않았다.

다음날, 나는 병원에 아무도 오지 않을 줄 알았다. 그런데 출근하는 내게 지도원이 달려오더니 사람들이 잔뜩 와 있다

　　　　　　　　사랑으로 길을 내다

며 서둘러 오라고 재촉했다.

'그럴 리가!'

나는 어제 그 사람들이 다시 왔는지 물었다. 그 말에 지도원이 흥분하며 설명하기를, 어제 왔던 추간공협착증 할아버지가 다시 왔다는 것이다. 추간공협착증이란 척추와 척추 사이에 뼈가 자라서 신경을 눌러 허리를 아프게 하고, 그 때문에 다리에까지 통증이 오는 질병이다. 보통 이런 분들은 10분을 제대로 걷지 못한다. 그런데 이분이 어제 집까지 걸어갔다가 오늘 다시 오셨다는 것이다. 그리고 어떤 할머니는 잠을 못 잤는데 치료받고 가서 어제 처음으로 깊은 잠을 잤다고 했다. 나는 너무 놀랐다. 정말로 하나님은 약속하신 것을 이루셨다.

이렇게 한 달을 머물며 치료하다 보니 나이 많은 사람들도 낫는다는 소문이 나서 지역에 있는 많은 노인들이 찾아왔다. 그때 내 인생에서 결코 잊을 수 없는 환자를 만났다. 치료를 받기 위해 온 할머니는 흔히 오십견이라고 부르는 증세를 가지고 있었다. 옷을 서너 겹 입고도 골격이 드러날 정도로 기력이 없어 보였다. 수년 동안 양쪽 팔을 움직일 수가 없었고, 집안일은커녕 스스로 옷을 입는 등의 일상적인 활동이 불가능했다. 그분은 나에게 팔이 너무 아프니 고쳐달라고 했다. 깡마르고 주름살 많은 할머니의 얼굴을 보는데 꼭 나의 친할머니 같았다.

나는 인민위원회 보건국에서 나온 젊은 의사들이 보는 가운데 성령님께서 이 할머니를 깊이 치료해 주시길 마음으로 기도한 뒤 진료했다. 좋은 장비와 의사들이 있다면 몇 달간 치료를 통해 좋아질 수도 있겠지만 솔직히 한 번 진료에 얼마나 회복될지는 모를 일이었다. 그런데 하나님은 이 할머니에 대한 특별한 부담감을 갖게 하셨다. 그날 밤 할머니를 위해 간절히 기도드렸다. 내 의술과 지식을 온전히 내려놓고 전적으로 주님을 의지했다. 그렇게 기도하다 보니 내 관심은 명예가 아닌 주님의 이름을 영화롭게 하는 것으로 옮겨갔다.

다음날 오후, 나는 할머니를 다시 만났다. 나는 기도하며 최선을 다해 치료했다. 그리고 잠시 후 "할머니 이제 팔을 들어 보세요"라고 말했다. 나도 모르게 나온 말이었다. 그런데 할머니는 내 말을 따라 천천히 자신의 팔을 들었다. 팔을 점점 더 높이 들어 올리더니 어깨 높이까지 올렸다. 그것을 지켜보던 주변 의사들이 소리치기 시작했다.

"세상에, 팔이 올라가고 있어요. 팔이 움직여요. 정말 믿을 수 없네요. 오, 이럴 수가!"

여기저기서 탄성이 쏟아져 나왔다. 눈앞에서 기적이 일어났다. 의학적으로는 설명이 불가능한 일이었다. 5년을 앓아온 오십견이 두 번의 치료로 낫는다고 하면 누가 믿을 수 있겠는가. 할머니는 스스로도 믿기지 않는지 팔을 들고 좋아서 어쩔 줄 몰라 했다. 의사들의 환호 소리에 정신이 든 나는 그

　　　　　　　　　　사랑으로 길을 내다

때 놀라운 주님의 임재를 느꼈다.

그날의 치료는 나를 송두리째 바꾸어 놓았다. 나는 그때까지만 해도 북한에 가서 내 생명을 드리겠다고 했지만 한 번도 북한에 하나님이 살아 계시다는 것을 믿고 기도한 적이 없었다. 그동안 내가 아는 북한은 늘 어둠과 슬픔이 가득한 곳이었는데 할머니의 치유를 보면서 이 땅에 살아 계신 하나님을 실제적으로 경험할 수 있었다.

그리고 이 일을 통해 알게 된 또 한 가지가 있다. 주님이 우리를 어느 곳에 가라고 하실 때는 무엇을 하라는 게 아니다. 내 지식이나 경험을 의지하여 하나님의 일을 만들어 내라는 것이 아니다. 그냥 그곳에 있으면 되는 거였다. 하나님은 얼마든지 스스로 일하시는 분이라는 사실을 깨달았다. 하나님은 이곳에도 살아 계시고 우리는 그저 순종하기만 하면 되었다.

나는 이날부터 북한이 새롭게 보였다. 이 모든 것이 불가능한 일이 아니라 될 만한 일이었다. 마음에는 긴장과 불안 대신 깊은 평화가 들어왔다. 그리고 내 눈에 보이는 북한은 어제와는 사뭇 달랐다. 모든 풍경조차 새롭게 느껴졌다. 그전에 보았던 북한의 산은 다 벗겨진 민둥산이었다. 그걸 보면서 이 땅은 생명조차 살지 못하는 저주받은 땅이라는 생각을 했었다. 그런데 이곳에 하나님이 계시는 걸 보는 순간 초라한 땅이 아름다워 보이기 시작했다. 나무 한 그루도 하나님이 허락하지 않으시면 존재하지 못하는 것 아니던가. 결국 이 땅도 하나님의 손길로 만드셨고, 북한 사람도 하나님의 형상대로 지어진 아름다운 창조물이었음을 깨닫게 되었다. 그날의 일은 나의 북한에 대한 모든 생각을 바꾸어 놓는 계기가 되었다.

나는 하나님이 나에게 불가능에 도전하라고 했을 때 왜 하필 척추신경학 공부를 하게 하셨을까 알지 못했다. 그런데 이곳에 와서 처음으로 하나님이 나를 의사로 부르신 이유를 이해했다.

나는 한 달 동안 아침 7시부터 밤 10시까지 매일 수백 명씩을 치료했다. 미국에서는 '이 환자를 고치면 얼마를 벌까'를 생각하곤 했다. 그래야 병원을 운영할 수 있었으니 그랬다. 그런데 이곳에서 하나님은 내가 사람을 사랑하는 것을 배우게 하셨다. 이들을 치료하며 그들의 아픔에 참여하는 훈련을 하게 하셨다. 하나님은 북한에도 살아 계셨다.

사랑으로 길을 내다

하나님은 돌들을 들어서라도 찬양을 받으신다

북한을 떠나는 일정이 얼마 남지 않았을 무렵이었다. 평양에서 온 사람들이 갑자기 병원을 찾아왔다. 나는 2층 치료실에서 검은색 고급 차량이 병원으로 들어오는 것을 보았다. 이 도시에서는 매우 보기 드문 광경이었다. 자동차가 오가는 일이 거의 없는 지역에서 이런 차라니. 심상치 않음을 직감했다. 단번에 고위직이 왔다는 것을 알 수 있었다.

나와 다른 의사를 제외하고는 모든 사람을 즉시 내보내더니 한 중년의 남자가 수행인에게 업혀 들어왔다. 통증이 무척 심해 스스로 일어설 수조차 없어 보였다. 그는 평양에서 왔는데, 중요한 국제회의에 참석차 나선지역에 방문했다가 몸이 좋지 않아 시내에 있는 한 병원에 입원해 있다고 했다. 그런데 차도가 없어 병원 측에서 상당히 난감해하고 있던 차에 내 이야기를 전해 듣고는 급히 이곳으로 오게 되었다는 것이다. 지난번 오십견 환자의 치료로 당시 나선시 전체에 나에 관한 소문이 크게 나 있을 때였다.

나는 갑작스러운 상황에 가슴이 빠르게 뛰기 시작했다. 고위관리를 치료하는 것이 이곳에서 얼마나 중요한지 알고 있었다. 이 일로 북한에 계속해서 받아들여질지 아니면 내쳐질지가 결정될 수도 있기 때문이다. 병원장이 치료를 잘 부탁한다면서 누구인지 소개를 했지만 워낙 긴장한 탓에 아무 소리도 들리지 않았다.

그는 심한 두통을 앓고 있었다. 나는 잠시 심호흡을 한 뒤 손을 환자에게 올려놓고 속으로 그를 위해 기도했다. 치료는 10분밖에 걸리지 않았다. 나는 그에게 일어나 보라고 말했다. 그랬더니 그가 벌떡 일어나 앉았다. 그러더니 어떻게 이럴 수가 있는가 하며 신기한 듯 나를 바라봤다. 그리고 그는 누구의 도움도 없이 스스로 계단을 내려갔다. 그를 데려온 수행원들은 보고도 믿기지 않는 눈치였다.

다음날 후속 치료를 위해 찾아온 그는 거의 회복된 상태였다. 치료를 마친 뒤 그는 북한 의사들이 가득한 방에서 내게 물었다.

"의사 선생은 미국에서 왔다는데, 불교인이요 아니면 기독교인이요?"

사랑으로 길을 내다

치료가 끝났으니 그냥 가면 될 일인데 그런 걸 왜 물어보나 의아했다.

"저는 기독교인입니다."

그러자 갑자기 그는 평안도 사투리가 배인 굵은 목소리로 요한복음 3장 16절을 또박또박 암송하기 시작했다.

"하나님이 세상을 이처럼 사랑하사 독생자를 주셨으니 이는 그를 믿는 자마다 멸망하지 않고 영생을 얻게 하려 하심이라."

나는 지금 이게 무슨 상황인가 깜짝 놀랐다. 그는 놀라는 내 표정을 보더니 자신은 세계 여러 나라를 다녀 본 외교관이라고 했다. 그런 다음 북한 의사들에게 이렇게 말했다.

"동무들, 윤 선생은 기독교인이오. 기독교인의 철학은 하나님 아버지가 자기 외동아들을 이 세상에 준 것처럼 세상에 나가서 그의 사랑을 나누는 것인데, 윤 선생은 그 마음으로 우리 조국에 와서 인민들에게 봉사하는 분이니 다들 윤 선생의 말을 잘 들으라우."

그러면서 나에게는 북한에서 일하는 동안 도움이 필요하면 언제든 자신을 찾아오라고 했다.

이처럼 하나님은 믿음이 없는 한 사람을 통해 요한복음 3장 16절 말씀을 전하셨고 스스로 자신의 영광을 나타내셨다. 한 번도 예수의 이름을 들어 본 적 없었을 의사들과 북한 관리들 앞에서 주님의 이름이 높임을 받으셨다. 하나님은 돌들을 들어서라도 찬양을 받으신다.

Part 2.

미지의 땅,

그들의 필요를 채우다

위기를 통해 새로운 문이 열리다

세 번째 북한 방문을 막 끝낸 뒤였다. 그동안 우리는 나선에 있는 병원들과 유치원 등 김재열 목사님이 해오던 프로젝트를 도와 현장 경험을 시작했다.

국경은 오후 5시에 닫히기 때문에 그전에 출입국관리소에 도착해야 중국으로 돌아갈 수 있다. 그런데 그날따라 도로 중간에 있는 철도 건널목에 기차가 멈춰 서 있어 차들이 전혀 움직이지 못했다. 북한의 기차는 전기로 운행하는데, 전기가 끊겨 언제 다시 들어올지 알 수 없었다. 난감한 상황에서 발만 동동 구르고 있는데, 그때 우리 앞에 있던 차가 방향을 돌려 어디론가 움직였다. 우리는 그 낯선 차를 따라 무작정 비포장도로를 달렸고, 출국 시간에 아슬아슬하게 맞춰 출입국

관리소에 도착했다.

힘겹게 중국으로 돌아왔는데 사람들이 김재열 목사님이 아직 북한에서 나오지 않았다고 했다. 처음에는 그저 늦는 것일 뿐이라고 생각했다. 얼마 전까지 그분과 함께 있었기 때문에 큰 문제는 아닐 거라고 여겼다. 그런데 이튿날 아침, 그분이 구금되었다는 소식을 들었다. 우리는 북한에서 일한 지 얼마 되지 않았기 때문에 이 상황에 대해 아는 것이 거의 없었다. 하지만 우리를 북한으로 초청하신 분이 억류된 사건이라 어떻게든 해결책을 찾아야만 했다. 아내와 나는 구명운동을 벌이며 대사관을 오갔다. 감사하게도 많은 분이 그분의 석방을 위해 함께 기도해 주었다.

다행히 김재열 목사님은 85일 만에 무사히 풀려났다. 그러나 다시 북한에 들어갈 수 없게 되었다. 그곳에서 사도처럼 열정적으로 일했던 분이었기에 너무도 안타까웠다. 또한 갑작스럽게 일어난 이번 사건으로 우리는 매우 혼란스러운 상황에서 힘든 시간을 보내야 했다. 이 팀의 리더가 북한을 떠나게 된 상황에서 과연 사역을 계속할 수 있을지 의문이었다. 설령 하던 일을 계속 한다 해도 누가 진두지휘를 할 것인가. 모든 상황이 암담했다.

북한에 다시 들어올 수 없게 된 김재열 목사님은 그동안 자신이 해오던 일을 내가 맡아 주길 원했다. 하지만 만약 나까지 문제에 휘말리게 된다면 우리 가족이 품었던 꿈마저 물

거품이 되어 버리지는 않을까 걱정스러웠다. 나는 이 프로젝트를 함께 돕고 있던 몇몇 팀원들과 수없이 논의를 거듭했다. 우리는 이 사역을 계속할지 아니면 여기서 모든 것을 포기해야 할지 기로에 섰다.

그런데 회의를 하면 할수록 그리스도의 사랑 때문에 이곳에 왔으며, 우리는 첫사랑의 부르심을 계속 붙잡아야 한다는 것이 더욱 선명하게 각인되었다. 아직 모든 것이 낯선 이곳에서 잘해 나갈 자신은 없었다. 그러나 그 어떤 것도 우리를 하나님의 사랑에서 끊을 수 없다는 사실을 알았다. 현재에 대한 두려움이나 내일에 대한 염려도 그 사랑을 끊을 수 없다(롬 8:38-39). 결국 우리는 남겨진 이 사역을 계속하기로 결정했다. 김재열 목사님은 비록 북한을 떠나게 되었지만 우리에게 이런 하나님의 무조건적 사랑을 다시 한번 되새겨 주었다.

나는 김재열 목사님의 사역을 대리로 수행하면서 한 주는 북한에 들어가고 한 주는 중국으로 나오는 여정을 시작했다. 아내는 셋째를 임신한 상태였기 때문에 아이들과 중국에 남아 있었다. 김재열 목사님이 추방된 뒤 우리는 하루하루 극도의 긴장된 분위기 속에서 사역을 이어 갔다. 문제는 이 사건을 지켜본 북한 사람들과 계속 일을 해야만 한다는 것이었다. 그들의 눈에는 사연의 자초지종을 떠나 모든 것이 다 좋지 않게 보일 수밖에 없었다. 게다가 후임자로 온 내가 그의 밑에 있던 사람인 데다가 이제 겨우 30대 중반밖에 안 된 젊은 사

사랑으로 길을 내다

람이라는 것이 그들에게는 탐탁지 않았던 모양이었다. 어떤 사람은 나에게 심한 욕설까지 퍼부었다. 그러다 보니 일을 시작해 보기도 전에 위축이 되었고, 부담감은 점점 커져 갔다. 마치 노를 젓기도 전에 태풍부터 맞은 느낌이었다.

하지만 하나님은 한 사람을 예비해 놓고 계셨다. 많은 이들의 존경을 받고 있던 김베드로 목사님이 나선지역을 방문한 것이다. 그의 이야기는 평소 주변 사람들을 통해 익히 들어 왔지만 한 번도 직접 만난 적은 없었다. LA에서 한미교회를 담임하고 있었는데, 교회가 크게 성장했을 무렵 조기 은퇴를 하고 남은 삶을 북한 동포들을 위해 살겠노라 결심했다고 한다. 북한에 상주하지는 않았지만 일 년에 몇 차례씩 방문하면서 특별히 어린이들을 위한 사역을 많이 했다.

그런 분이 내가 김재열 목사님의 후임을 맡아서 고전하고 있다는 소문을 듣고 직접 나를 만나러 온 것이다. 그리고 나를 나선시 상급 간부들의 모임에 데려가서는 사전에 아무 이야기 없이 갑자기 이렇게 선포했다.

"앞으로 내가 나선에 지원하는 모든 일은 여기에 있는 윤 선생을 통해서 할 테니까 혹시 나에게 부탁하고 싶은 일들이 있으면 이분을 통해서 하십시오."

김베드로 목사님의 갑작스러운 발언은 나뿐만 아니라 그곳에 있는 사람 모두를 놀라게 했다. 경험도 미천한 데다가 좋은 인맥이 있는 것도 아니었다. 그렇다고 젊은 사람이 가진 재정이 있길 하겠나 싶어 북측에서는 나를 볼 때 과연 이 사람이 얼마나 영향력이 있을까 의심하던 차였다. 그런데 그날 일로 상황은 완전히 역전되었다. 그저 별 볼 일 없어 보이던 30대 어린 녀석에서 북쪽 사람들이 함부로 할 수 없는 인물이 된 것이다.

일면식도 없던 김베드로 목사님은 이렇게 우리 사역에 엄청난 힘을 실어 주었다. 폭풍 한가운데에 있는 젊은 사역자를 위해 기꺼이 바람막이 역할을 해주었다. 나선에서 유치원을 짓고 싶어 했던 김베드로 목사님은 그 일을 우리에게 맡겨 주었고, 덕분에 우리는 북한에 정착할 수 있는 좋은 기회를 얻었다. 그뿐 아니라 전임자였던 김재열 목사님의 일마저 만회할 수 있게 되었다. 무엇보다 나의 입지가 순식간에 달라지면서 앞이 보이지 않던 북한 사역의 길이 새롭게 열리는 계기가 되었다. 우리가 포기하지 않고 나아가기로 결정하였을 때 하나님이 일하여 주신 것이다.

이후 나는 김베드로 목사님과 교제하면서 많은 것을 배웠다. 특히 그에게는 놀라운 점이 하나 있었다. 그는 식당 종업원을 만나도 그의 이름을 물어보는데, 몇 년 후에 다시 그 사람을 만나면 이름을 기억한다는 것이다. 그뿐만 아니라 그 사람의 부모와 자녀 이름도 잊지 않고 안부를 묻는다. 그러니 김베드로 목사님을 만나는 북한 사람들마다 깜짝 놀라며 감동을 한다. 이렇게 김베드로 목사님이 한번 만나는 사람뿐 아

　　　　　　　　　사랑으로 길을 내다

니라 그 가족의 이름까지 기억하는 이유는 사랑 때문이다. 그는 북한 사람을 만나면 이름을 기억해 두었다가 매일 새벽마다 이름을 불러 가며 기도한다. 북한 사람이든 다음세대든 사람을 존중하고 세워 준다. 이런 분이 든든한 우산이 되어 주니 북한에서 우리의 신용도 덩달아 높아지게 되었다. 김베드로 목사님은 만난 지 10여 년이 지났는데도 여전히 우리 공동체의 좋은 멘토이자 동역자로 함께 해주고 있다.

흔히 위기는 또 다른 기회라고들 말한다. 우리에게도 그랬다. 당장 눈앞의 일들만 보면 '왜 이런 일이 나에게 일어나는가?' 할 수도 있다. 하지만 시간이 지나면 알게 되는 것들이 생긴다. 갑작스럽게 김재열 목사님이 떠나게 되었을 때는 마치 의지할 언덕이 사라진 것만 같았다. 낯선 땅에서 끈 떨어진 연이 된 것 같았다. 그러나 낙심하여 웅크리고 있을 때 하나님께서는 새로운 만남을 예비해 주셨다. 우리의 등을 두드려 주시며 일어나 계속 걸어가 보라고 하셨다.

마침내 북한에 들어간 지 1년 만에 우리는 전임 사역자의 프로젝트에서 분리된 독자적인 NGO, '선양하나'를 만들었다. 이로써 이전보다 더 많은 영역으로 사업을 확장했고 우리 꿈을 이루는 첫걸음을 뗄 수 있게 되었다. 북한에 오자마자 어려움을 겪었지만 이 일로 더 큰 바다로 나갈 수 있는 기회가 열렸다. 역전의 하나님은 북한에서도 일하고 계셨다.

그 무렵 아내는 중국에서 셋째 안나를 낳았다. 그 힘든 와

중에 홀로 몸조리를 하면서도 나를 기꺼이 북한으로 다시 보내 주었다. 하나님이 사랑으로 우리를 강권하셨기 때문이다.

고난은 우리에게 생각보다 많은 것을 가져다준다. 연약함과 대면할수록 우리가 붙들어야 할 존재가 무엇인지, 하나님은 어떠한 분인지에 대한 깨달음은 더욱 깊어진다. 그것은 하나님이 부어 주시는 은혜다. 내가 북한에서 숱한 굴곡을 겪어 오면서 깨닫는 것은 하나님은 우리를 선으로 인도하시는 분이라는 것이다. 이런 시간이 쌓이고 쌓여 우리가 비바람에도 흔들리지 않도록, 반석 위에 집을 짓도록 하시는 것이 하나님의 비밀이요 섭리다.

'혼자'가 아닌 '함께'가 필요했다

함경도 나선에서 지낸 지 한 달 정도 되었을 무렵이다. 그때가 마침 선거철이었는데, 선거를 독려하는 안내방송이 매일 아침 숙소 앞에서 울려 퍼졌다. 알람처럼 아침 7시만 되면 똑같은 노래가 들려 왔다. 처음에는 시끄러운 소음처럼 여겨졌던 것이 계속 듣다 보니 나중에는 양치질하면서 나도 모르게 흥얼거리며 따라 부를 정도가 되었다. 어느 날 그런 내 모습을 보면서 갑자기 정신이 번쩍 들었다. 여기에 나 혼자 있어서는 안 될 것 같았다. 내가 사랑하고 섬겨야 하는 사람들인지라 이들과 함께 살고 있기는 하지만, 종종 흑과 백의 구분이 희미해지는 때가 생겼다.

그러다 보니 내가 과연 이곳에서 혼자 신앙을 잘 지켜 낼 수 있을까 하는 두려움이 생겼다. 중심을 잃지 않고 길을 가기 위해서는 '혼자'가 아닌 '함께'가 필요하다는 생각이 들었다. 빛이 있으면 어둠은 사라지기 마련인데, 한 사람이 아니라 여럿이 함께해야 할 일이었다. 그러나 이곳에 와서 함께 일해 줄 만한 사람은 쉽게 보이지 않았다. 북한에 와서 같이 살아 줄 사람은 더더욱 찾기 어려웠다. 우리가 들어올 때도 수없이 많은 사람이 걱정하며 반대하고 말리지 않았던가. 하지만 그래도 나는 작은 겨자씨 하나가 심겨 큰 나무가 되는 날을 날마다 꿈꾸었다. 비록 지금은 나와 아내, 아이들이 함께하는 한 가정에서 시작하지만 마음을 합할 누군가가 나타날 것을 기대했다.

그러던 중 나는 북한과 동맹국이면서 정치, 사회, 문화적으로 많은 것을 공유하고 있는 나라가 중국이라는 것에 집중했고, 중국에도 하나님을 사랑하는 헌신된 믿음의 청년들이 있다는 것을 알게 되었다. 삼자교회를 비롯해 중국에 있는 교회를 두루 다니며 청년들에게 북한에 가서 함께 사역하자는 도전의 메시지를 전했다.

그러던 어느 날 중국 연길의 한 커피숍에서 투자자들과 미팅을 하고 있는데, 옆 테이블에서 익숙한 말이 귀에 들어왔다. 대화를 나누는 젊은 자매는 중국 동포로 기독교인인 듯 보였다. 나는 그녀에게 명함을 건네면서 혹시 기독교인이면 다니는 교회 지도자를 소개해 줄 수 있겠느냐고 물었다.

사랑으로 길을 내다

며칠 후 한 남성에게서 연락이 왔다. 소개를 받고 전화했다면서 자신을 김 전도사라고 밝혔다. 연길에서 청년목회를 하고 있다고 자신을 소개했다. 나는 그를 만나 북한에서 할 일은 많은데 같이 일할 사람이 없다는 사정을 설명했다. 그런데 김 전도사는 이런 내 이야기에 오히려 크게 반색하며 마침 자신들도 기도하면서 북한에서 일할 준비를 하고 있었다고 말해 주었다. 나는 얼마나 기뻤는지 모른다. 천군만마를 얻은 기분이었다.

나는 그를 통해 귀한 청년들을 소개받았고, 두세 사람이 모이기 시작했다. 이때만 해도 공동체라는 거창한 생각은 하지 못했다. 그저 홀로 시작했던 이 일을 함께할 사람들이 필요했고, 이왕이면 북한에서 같은 꿈을 꿀 기독교인이길 바랐다. 이렇게 해서 우리 가정을 포함해 여섯 명 정도가 모여 일을 시작하게 되었다. 그중 한 명은 그날 커피숍에서 만났던 자매였다.

우리는 2008년부터 '선양하나'라는 이름으로 모여 북한 이웃들을 위한 일들을 본격적으로 시작했다. 나선지역을 무대로 인도주의적 사업을 하는 NGO 단체로 등록하고, 시골 진료소와 유치원, 탁아소 등을 짓고 약품과 식료품을 공급하며 교육 지원 사업을 해 나갔다.

일을 하다 보니 '선양하나'라는 이름에 대한 질문을 참 많이 받았다. 한번은 인천의 한 교회 청년부 모임에 방문한 적이 있다. 그곳에서 나는 북한에서 독립적으로 사역을 진행하게 되었는데 새로운 이름이 필요하다고 광고를 했다. 얼마 후 한 청년이 찾아와 자신이 며칠 동안 금식기도하고 가져온 이름이라며 쪽지를 주고 갔다. 거기에는 '선양'이라고 적혀 있었다. 선할 '선' 자에 어질 '양' 자였다. 나는 그 마음이 고마워 아무것도 묻지 않고 그 이름을 쓰기로 했다. 그리고 여기에 하나가 되길 바라는 마음으로 '선양하나'로 이름을 정했다. 선하고 어진 사람들이 모여 좋은 일들을 함께 나누어 가자는 뜻을 담았다. 정치적, 민족적 연민을 떠나, 그리스도인으로서 "네 이웃을 네 자신 같이 사랑하라"(마 22:39)는 단순하면서도 분명한 기독교적 본질이 우리의 헌신을 통해 드러나길 원했다.

이후 조금씩 공동체의 소문을 듣고 찾아오는 사람들이 생겼다. 처음엔 호기심으로 왔다가 이곳에서 진정으로 삶의 부르심을 확인하는 사람들도 있었다. 그렇게 10여 년이 지나고 보니 어느새 함께하는 식구들이 아이들까지 합쳐 50여 명이나 되었다. 미국, 중국, 필리핀, 브라질, 몽골, 싱가포르 그리고 해외 동포들까지 모두 7개국에서 모였다. 한 가정으로 시작한 선양하나가 이제 북한 사람들에게 이웃 사랑을 나누는 전 세계적인 공동체가 되었다. 혼자가 아닌 함께의 영역이 국경을 초월해 확대되면서, 북한을 돕는 국제 NGO로 서울, 미국 달라스, 중국 옌지(연길), 홍콩에 지부가 설립되었고, 미주를 중심으로 각국의 개인 후원자 및 단체들과 파트너십을 맺고 있다.

우리는 단지 국경만을 넘는 것이 아니라 정치와 이념을 넘어서 합법적인 방법을 찾아 다양한 사업을 진행하고 있다. 무엇보다 북한의 어린이들이 건강하게 자라나는 것을 도우며, 질병으로 아파하는 이들의 몸과 마음을 회복하는 일에 집중하고 있다. 감사한 것은 국제 정세를 비롯해 안팎으로 시시각각 변하는 상황 속에서도 북한을 향한 사랑의 마음으로 많은 사람이 힘을 보태 주었다는 것이다.

이곳에서 일해 보니 그동안 북한은 외부 사람을 허락하지 않는 폐쇄된 나라로만 알고 있었는데, 휴전 상태인 한국과는 왕래가 쉽지 않지만 다른 나라들과는 출입이 보다 유연했다. 독특한 사회주의 국가지만 흥선대원군 같은 쇄국정책을 펼치고 있는 것이 아니었다. 오히려 적극적으로 외국에 유학을 보내 나라 발전과 세계화에 발맞추고자 힘쓰는 나라가 북한이다. 물론 그 안에는 통제가 있고 일반적인 법과는 다른 법들이 통용되고 있는 곳인지라 개방적이지 않다고 볼 수 있기는 하다. 하지만 그동안 있었던 외국과의 교류를 보면 철옹성처럼 닫힌 곳은 아니라는 말이다. 그래서 나는 소망을 갖는다. 정치적 시각만으로 북한에 다가가면 할 수 있는 일이 극히 제한적일 수 있지만, 신앙적으로 보면 전 세계 그리스도인들과 할 수 있는 일들이 너무도 많은 곳이다. 그것은 통일이 된 후에야 가능한 일이 아니라 지금도 얼마든지 할 수 있다.

나는 북한에서 처음 사역을 시작했을 때 혼자서는 결코 감당할 수 없다는 것을 깨달았다. 혼자 일을 하다 보면 재정적으로, 영적으로 실족하기 쉽다는 것을 알았다. 조금만 힘든일이 생겨도 낙담하게 되고 우울과 미혹에 빠지기 쉽다. 그렇기 때문에 북한에서 오래 살아가기 위해 공동체로서의 연합은 꼭 필요하다. 공동체는 서로를 격려하고 지지하면서 버팀목이 되어 준다. 일과 영성, 그리고 개인적인 삶의 모습까지도 어느 한쪽으로 치우치지 않고 균형을 잡고 서기 위해서는 서로 확인해 줄 수 있는 공동체가 필요하다.

언젠가 한 동역자가 내게 고백하기를, 일을 마치고 중국으로 돌아가기 전날 밤 숙소에 홀로 있는데 갑자기 고립감이 느껴지면서 평소에 잘 들지 않던 부정적인 생각들이 순간적으로 마음에 파고들었다고 한다. 그 순간 누군가 문을 두드려 열어 보니 익숙한 얼굴이 서 있었다. 평소 알고 지내던 형제였는데 그의 얼굴을 보자마자 엄습했던 우울과 나쁜 감정들이 한순간에 눈 녹듯 사라지는 경험을 했다고 한다.

이곳에서는 함께 있다는 것만으로도 든든한 위로가 될 때가 너무도 많다. 만약 나도 혼자였다면 지금껏 북한에서 해온 일들을 과연 해낼 수 있었을까 하는 생각을 종종 한다. 북한에 이렇게 오래도록 머물 수 있었던 힘도 공동체 덕분이다.

공동체는 꼭 큰 규모일 필요는 없다. "두세 사람이 내 이름으로 모인 곳에는 나도 그들 중에 있느니라"(마 18:20)라고 하신 주님의 말씀처럼, 단지 두세 사람이라 하더라도 서로 책임지고 삶을 나눌 때 충분히 공동체로서 기능할 수 있다.

정치를 빼니 사람이 보였다

아이들이 있는 곳엔 역시나 생기가 돈다. 아이들 웃음소리가 시골 동네를 물들이면 이곳도 집집마다 평범한 이야기들을 담고 있는 사람 사는 곳이라는 사실을 새삼 깨닫게 된다. 까까머리에 장난기 가득한 얼굴의 아이들, 씩씩하면서도 수줍은 듯 해맑게 웃는 아이들을 만날 때마다 내가 여기에 있다는 것이 감사하게 느껴지곤 한다. 일을 하다 보면 피곤하고 지칠 때도 있지만 이 아이들을 보면 다시금 저 밑바닥에서부터 알 수 없는 힘이 솟곤 한다.

다음세대는 어느 곳에서나 소중하며 미래의 희망이다. 북한이라고 다를 리 없다. 우리는 여러 사역 중에 무엇보다 어린이를 최우선으로 하는 일에 힘을 쏟았다. 그중에서 우리 팀이 처음으로 큰 프로젝트를 맡게 된 것이 유치원을 건축하는 일이었다.

우리는 어느 지역에 유치원을 지으면 좋을지 여러 마을을 다니며 둘러보았다. 유치원이 필요한 곳이야 많겠지만 그 어디보다 꼭 있어야 할 장소를 찾고 싶었다. 그중에 우리 마음을 이끈 곳이 있었는데, 선봉지구에 있는 백학리다. 나선지역 중에서도 변두리에 있는 아주 작은 시골 마을이다.

사전 조사를 위해서 기존에 있던 유치원을 방문했다. 기와집으로 만든 건물이었고 방이 두세 개 정도 되는 작은 유치원이었다. 그때가 장마철이 시작되는 6월쯤이었는데 문을 열고 들어가 보니 곳곳에 비가 새서 교실 바닥에 물이 흥건했다. 마침 낮잠 시간이라 아이들은 한쪽에서 자리를 깔고 잠을 자고 있었다. 여름에 습기도 많겠지만 겨울이 되면 이 건물이 얼마나 추울까 생각하니 당장 여기에 새로운 유치원을 지어야겠다는 마음이 들었다.

우리는 첫 작업을 이곳으로 정하고 거의 8개월 가까이 공사를 하며 못질 하나에도 정성을 다했다. 자신들의 마을에 아이들을 위한 좋은 건물이 들어선다 하니 부모들뿐 아니라 마을 사람들까지 나서서 힘을 합해 주었다.

드디어 2층으로 된 현대식 건물의 백학유치원이 문을 열었다. 시골 한가운데 멋진 유치원이 서자 주변 마을까지도 소문이 퍼져 유치원을 안 보내던 부모들까지도 아이들을 보내기 시작했다. 그 덕에 원생이 60명에서 150명으로 늘어나게 되었다. 자녀를 좋은 기관에 보내고 싶어 하는 건 이곳 부모의 마음도 똑같았다.

건축을 마치고 한 번씩 아이들을 만나러 유치원에 가곤 했다. 그때마다 아이들은 밝은 얼굴로 달려와 우리를 반겨 주는데, 행복감을 넘어 가슴이 뭉클해지곤 한다. 원장님, 교사들과의 관계도 깊어져 갔고, 인간적인 교제도 함께 나눌 수 있게 되었다. 원장님은 우리가 온다는 기별을 받으면 밭에서 재배한 감자나 옥수수를 맛있게 쪄 놨다가 대접해 주었다. 포슬포슬한 그 맛이 지금까지도 생각이 난다. 어느 날은 군대에 가 있는 아들에게서 온 편지를 내게 보여 주면서 눈물을 훔치기도 했다. 북한은 군 복무 기간이 10년이나 된다. 혼자서 힘들게 키워 온 아들과 10년이나 떨어져 있으니 얼마나 보고 싶겠는가. 그런 아들에게서 편지가 왔다며 어찌나 기뻐하던지, 아들의 편지를 읽고 또 읽으며 눈물을 흘리던 모습이 선하다. 군대 간 아들 걱정에 눈물바람 나는 것은 북한이나 남한이나 다를 바 없는 어머니의 모습이었다.

하루는 유치원에 갔을 때 원장님이 나에게 한 가지 부탁할 것이 있다면서 조용히 말을 꺼냈다. 부탁인즉 악기를 지원해 줄 수 있겠냐는 것이었다. 비록 시골이지만 이 아이들에게도 악기를 가르쳐 주고 싶다고 했다. 나는 올 때마다 드럼이며 전자키보드 같은 악기들을 하나씩 사다 드렸다. 북한에는 전기가 귀하니 충전용 배터리도 구해다 드렸다.

그런데 얼마 후 유치원에 들렀을 때 원장님이 나를 보자마자 좋은 소식이 있다며 기쁜 마음을 감추지 못했다. 백학유치원에 다니는 한 아이가 선봉지역 음악대회에 나갔는데 거기서 1등을 했다는 것이다. 다음 주에는 시 경연대회에도 나가게 되었다면서 아이 자랑에 침이 마를 정도였다. 나중에 소식을 들으니 그 아이는 시뿐 아니라 도 경연대회에서까지 우승을 차지하고 최고 무대인 평양대회에 나가게 되었다고 한다. 이것은 그야말로 엄청난 사건이었다. 함경도의 작디작은 시골 마을에서 평양에 진출하게 되었으니 마을 사람들에게는 믿을 수 없는 일이 일어난 것이다. 나도 그 이야기를 들었을 때 너무도 놀랐다. 백학리는 다른 곳보다 교육 환경이 열악하고 낙후된 지역이다. 그럼에도 사랑과 관심이 있다면 이 동네에서도 얼마든지 꿈을 꿀 수 있다는 것을 보게 되었다.

우리가 해준 것은 악기를 마련해 준 것뿐이었다. 그렇지만 그 악기가 아이들에게 새로운 경험을 만들어 주고, 새로운 세상이 있다는 것을 보여 주었다. 아주 작은 섬김이 생각지 못한 큰 가능성을 열어 준 것 같아 설레었다. 나는 이 일로 작은 일에 대한 소중함을 배웠다. 건물을 짓는 일도 중요하지만 이들과 함께하면서 만들어 갈 아름다운 가치들을 고민해 보게 되었다.

유치원 하나가 제대로 세워지자 마을이 변화되고 아이들

이 달라져 갔다. 하나님이 각자에게 주신 달란트와 무한한 가능성을 발견하는 기회가 되어 주었다. 희망이 또 다른 희망을 부른 것이다. 이 아이들이 자라서 또 다른 아이들에게 꿈을 심어 줄 선순환을 기대한다.

나는 이 산골 마을에서 내가 가진 선입견을 내려놓게 되었다. 선양하나의 사업은 아이들을 위한 일이 많다. 그런데 많은 사람이 후원하는 물자나 쌀이 아이들에게 가지 않고 혹여 군대로 가게 될까 봐 걱정한다. 이런 이야기를 들을 때마다 고민이 많아진다. 물론 그런 일은 일어나지 않을 것이다. 그렇지만 이웃을 도울 때 어떤 사람은 도움받을 만한 사람이고 어떤 사람은 그렇지 않은 사람이라 판단할 수 있는가. 하나님이 창조하신 생명이라는 관점에서 볼 때 이런 염려를 해야 하는 현실이, 지금의 이 분단된 상황이 너무도 속상하다. 아픈 환자 앞에서 의술을 가리지 않는 의사의 심정처럼 이 땅의 생명을 바라보는 하나님의 마음에는 정치적 이념이 담겨 있지 않을 것이다.

이들의 생활 속에 들어가 보니 우리가 돕는 유치원 아이들이 자라면 군대에 가야 할 테고, 우리가 만나는 유치원 원장님과 교사들의 자녀들도 군대에 가 있었다. 도움받을 만한 사람과 그렇지 않은 사람을 구분 짓는 우리의 생각이 단지 선입견이나 민족적인 상처 때문이라면 이 얼마나 양면적 태도인지 나는 이 작은 마을에서 느꼈다. 북한 사람이라고 해서 매

사랑으로 길을 내다

일 전쟁만 생각하지 않는다. 그저 군대 간 아들을 그리워하고, 돌보는 아이가 대회에 나가 상을 받은 것에 기뻐하는, 평범한 일상을 살아가는 사람들이라는 것이 눈에 들어오기 시작했다.

정치를 빼니 사람이 보였다. 백학유치원 건축은 수많은 이유를 내려놓고 사람을 그저 사람으로 보게 된 기회였다.

내 생각대로가 아니라 그들의 필요대로

유치원과 탁아소를 짓는 일이 활발해질 무렵, 새로운 장소를 물색하기 위해 어느 지역에 들어갔다. 그런데 그곳 인민위원회에서 나온 분이 그동안 자신들이 만든 것이라며 공책을 보여 주었다. 공책이라고 하기에는 너무나 질이 안 좋은 누런 종이로 된 것이었다. 이야기를 들어 보니 그곳은 나무가 귀해서 새 공책을 만들기 어렵고 하는 수 없이 쓰던 종이를 재생하고 또 재생하기를 반복하다 보니 나중에는 공책이 시커멓게 나와 연필로 써도 글씨가 잘 안 보일 정도라고 했다. 그렇다고 전기 사정이 좋은 것도 아니라서 조금만 어두워져도 공부하기가 어렵다고 했다. 그들은 그런 사정을 설명하며 우리에게 아이들 공부를 위한 학습장을 만들어 달라고 했다.

여러 기증 사업을 해왔지만 이 부분은 전혀 생각지 못했던 영역이었다. 우리가 보기에는 유치원 건물을 짓는 것이 그들에게 더 유익할 거라 여겼지만, 이곳 사람들은 아이들에게 좋은 공책을 주고 싶었던 것이다. 그들은 우리가 중국에서 종이를 사다 주면 여기에 제조 공장이 있으니 공책은 자신들이 직접 만들겠다고 했다. 그때부터 우리는 김베드로 목사님과 함께 수십 톤의 종이를 공급해 주었다. 인민위원회에서는 그걸로 공책을 만들어 나선시 전체 유치원과 초등학교, 중학교에 나눠주었다. 우리는 그들에게 한 권에 북한 돈 20원씩을 받아서 돈을 보태 더 많은 양의 종이를 공급해 주었다.

이들이 원하는 공책을 만들다 보니 함께 나무를 심게 되었고, 이것이 훗날 이곳에서 살아갈 아이들에게 더없이 큰 도움이 될 것이라는 큰 그림이 그려졌다. 그만큼 나무를 자르지 않아도 되었고, 또 그만큼 나무를 심을 수 있었다. 이곳의 산천이 다시 푸른빛으로 물들 거라는 생각에 모두가 함께 설레했다. 깨끗한 새 공책에 한 글자 한 글자 담겨 갈 수많은 어린이의 꿈도 그릴 수 있게 되었다.

공장에서 새 공책이 나오던 날 너무도 좋아하던 그곳 사람들의 모습이 떠오른다. 나는 이 일로 아주 중요한 사실을 깨달았다. 우리는 누군가를 도우려 할 때 내 마음, 내 생각대로 한다는 것이다. 그러다 보니 도와주면서도 욕먹을 때가 있고, 도움을 받으면서도 기분이 나쁠 때가 있다. 또한 그러면 안 되는데, 주는 자와 받는 자가 자연스럽게 갑과 을이 되는 상황들이 만들어지곤 한다. 그런데 여기에서 그들과 함께 살다 보니 그들에게 정말 필요한 것이 무엇인지 보이기 시작했다. 우리가 미처 생각하지 못했던, 때로는 북한 사람들조차도 생각하지 못했던 것들이었다. 그들 역시 오랫동안 그러려니 하고 살아온 것들이었는데, 우리를 만나면서 해결할 방법이 있다는 사실을 알고는 함께 바꾸어 나가길 요청하기도 했다.

큰 재정이 들어간 것도 아닌데 무엇보다 귀한 통로가 되는 것을 보면서 '내 생각대로'가 아니라 '그들의 필요대로'가 때로는 얼마나 간절하고 큰 힘이 되는지를 배웠다. 그러다 보니 받는 사람도 기분이 좋고, 주는 사람도 행복해졌다.

북한 사역은 계획이 갑자기 틀어지는 일이 태반이었다. 아무리 계획을 세운들 그곳 사람들이 안 들어주면 진행할 수가 없었다. 그러다 보니 북한 사람들은 변덕쟁이에다 거짓말쟁이라는 오해가 많았다. 그런데 우리 계획보다 그들의 필요를 먼저 생각해 주자 일이 훨씬 수월하게 진행되었다. 이것은 여러 면에서 좋은 영향을 끼쳤다. 함께 사업을 하면서 우리의 신용도 좋아질 뿐 아니라 도움을 주는 사람들에게도 북한 사람들에 대한 이미지가 긍정적으로 바뀌게 되었다.

북한을 돕고 싶은 마음은 있는데 방법을 고민하는 사람들에게 나는 우리의 생각대로가 아니라 그들의 필요가 무엇인지를 살펴보는 것이 훨씬 효과가 있다는 것을 말해 준다. 우

사랑으로 길을 내다

리의 시선으로 보면 '뜬금없이 웬 공책이란 말인가? 쌀이 더 필요하지 않은가?'라고 생각할 수 있겠지만, 다른 면에서 보면 상호 관계에서 보다 실질적인 도움이 된다는 것을 알게 된다.

사람마다 사랑의 언어가 다르다고 한다. 누군가는 칭찬의 말을 들을 때, 또 누군가는 선물을 받았을 때, 어떤 사람은 함께 시간을 보내 주었을 때, 섬김을 받았을 때, 스킨십을 했을 때 자신이 사랑받는다고 느낀다고 한다. 그런데 상대방과 사랑의 언어가 다를 때는 서로 자기 마음을 몰라주는 것 같아 서운할 수가 있다. 나는 나름대로 사랑을 표현했지만 정작 상대방은 그걸 눈치채지 못하고 사랑받고 있음을 느끼지 못하는 안타까운 상황이 펼쳐질 수 있다. 상대가 원하는 방식이 아닌 자기 방식대로 사랑해서 그렇다. 이런 것이 과연 진정한 사랑일까? 이는 마치 자신의 사랑의 언어를 상대방에게 일방적으로 강요하는 것과 같다. 마찬가지로 우리의 방식만을 고집하기보다는 북한에 하나님의 사랑을 어떻게 하면 더 효과적으로 전달할 수 있을까를 고민해야 하는 것이다.

기독교인에게 구제의 영역은 사역의 일부분이다. 그런데 구제의 개념을 뭔가 주는 것에만 초점을 맞추는 경우가 많다. 정말로 중요한 것은 구제를 통하여 만들어지는 2차, 3차의 또 다른 주님의 역사하심이다. 사과 씨는 셀 수 있지만 그것이 심겨 나무가 되었을 때는 몇 개의 사과가 열릴지 아무도 모른다. 마찬가지로 물질이 단순히 물질로 끝나지 않고 열매가 맺히기 시작하면 그 결과는 예측할 수 없다.

우리는 우체부와 같은 존재들이다. 우체부의 역할은 선물을 보내는 사람의 뜻에 맞게 정확히 전달하는 것이다. 선물을 받은 사람은 우체부가 아닌 그 선물 보낸 사람에게 감사한다. 누군가에게 필요한 것을 제공할 때 우리가 그들보다 우월한 사람이라고 착각하기 쉽다. 그러나 우리는 단지 하나님 나라의 우체부에 불과하다. 하나님은 축복을 보내시는 분이며 우리는 그 축복을 배달하는 특권을 부여받았다. 그러니 우리는 선물을 받는 사람보다 더 낫지 않다. 우리는 북한에 하나님의 복을 전달하는 일꾼이다. 이런 일꾼들이 지금보다 더 많아진다면 얼마나 좋겠는가!

사랑을 주러 가서 사랑을 받고 왔다

한반도 지도상에서 러시아와 북한이 만나는 경계의 마지막 마을이 있는데, 그곳이 우암리다. 마라도가 한반도의 최남단이라면 우암리는 동북 국경의 최북단 어촌 마을이다. 이곳에 가려면 굽이굽이 산을 넘어 비포장도로를 몇 시간이나 가야 한다. 가는 길이 힘들어 한번 찾아가려면 큰맘 먹고 나서야 하지만, 동해를 끼고 달리는 해안 길은 언제 봐도 정겹고 아름다운 시골길이다.

마을에 들어서면 집집마다 담장에 말리고 있는 오징어가 제일 먼저 눈에 들어온다. 처음 우암리에 왔을 때 여기에 꼭 진료소가 있으면 좋겠다는 생각을 했다. 마을 사람들은 몸이 아프면 병원 진료를 받기 위해 시내까지 나가야 했다. 차로

한 시간 반 정도 걸리는 길이라 차가 없는 주민들은 치료를 받으러 나가는 길이 너무도 힘들었다. 만약 이곳에 진료소가 들어오면 주민들이 고생하지 않고 좀 더 편하게 의료 혜택을 받을 수 있을 것 같았다. 그래서 우리는 이 작은 마을에 진료소를 짓기 시작했다. 먼 길을 달려 필요한 약도 가져다주고, 의료장비도 지원했다.

희한하게도 나는 이곳에 가는 길이 싫지 않았다. 준 것보다 내가 받은 것이 더 많다는 생각을 하곤 했다. 그 이유는 눈에 보이는 물리적인 것보다 마음의 무게가 훨씬 더 컸기 때문이었던 것 같다. 아침에 집에서 출발하면 점심때쯤 마을에 도착했다. 그러면 그곳에 계시는 진료소 선생님들이 가자미국을 한 솥 끓여 놓고 우리를 기다리곤 했다. 정성껏 음식을 차려 놓고 식사를 대접한 뒤에는, 가면서 먹으라고 배에서 말린 오징어 한 꾸러미씩을 종이에 싸서 떠나는 차에 밀어 넣어 주었다. 자신들을 위해 애쓰고 도와주는데, 줄 건 이것뿐이라면서 쑥스럽게 손인사를 했다. 나는 이런 정이 너무 좋았다. 시골 어머니들이 차려 주는 따스한 밥상은 나물국 하나에도 향기가 났고, 화려한 반찬은 없어도 고급 요릿집보다 맛났다. 한 그릇 다 비우고 나면 아들 손주 먹는 것을 흐뭇하게 지켜보듯이 좋아했다.

진료소에 가면 항상 많은 사람이 치료를 받고 있었다. 의사 선생님은 넘쳐나는 환자들 때문에 힘들 텐데도 주민들을 조금이라도 빨리 치료해 줄 수 있다는 것에 기뻐했다. 그래선지 나는 한국에서도 농어촌이나 도서 지역에서 진료를 보는 의사들을 만나면 특별히 손을 잡아 주고 싶은 마음이 든다. 우리는 다섯 개의 진료소를 지었는데 만여 명의 지역 주민들이 혜택을 보고 있다. 그런데 오히려 내가 만 명의 이웃을 얻고, 만 번의 사랑을 받은 것만 같다.

나는 진료소 방문을 마치고 집으로 돌아오면서 고민해 보았다. 여기에 어떤 것들을 더하면 좋을까 하고 말이다. 생각해 보니 진료소를 지었는데 변변한 약이 없었다. 약도 같이 공급해야겠다는 생각으로 처음에는 중국이나 미국, 한국 등에서 준 약을 가지고 북한에 들어갔다. 그런데 의약품은 세관 검열이 굉장히 까다롭고 심해서 마음처럼 제공하는 일이 쉽지 않았다. 성분 검사를 한다고 20-30퍼센트씩을 가지고 갈 뿐 아니라 중국과 북한 세관을 통과하는 과정도 어렵다 보니 약을 가지고 들어가는 작업에서 항상 스트레스가 많았다.

그러나 마음이 있다면 길은 열리는 법이라고 했던가. 약 때문에 고민하던 무렵 미국의 한 사역자가 나선지역에 제약회사를 세웠다는 소문을 듣게 되었다. 그곳에 재료만 가지고 가면 북한 내에서 약을 제조할 수 있다고 했다. 우리는 항생제와 감기약, 진통제 등 기본적인 상비약이 필요했는데, 그것을 주문하면 감사하게도 재룟값만 받고 제공해 주었다. 전에는 광고비에 포장비, 개발비 등이 포함되어 항상 비싼 값에 약을 사올 수밖에 없었는데, 여기서는 그 거품을 다 빼고 제공해 주었던 것이다. 그 덕에 진료소에 약을 공급하는 일이 너무도 수월해졌다. 비용도 수십 배나 절감하면서 다양한 종류의 필요한 약을 공급할 수 있게 된 것이다. 한국 돈 30만 원이면 마대로 네 자루나 가져갈 수 있었다.

나는 여기에서 사랑을 배운다. 특별히 하나님의 사랑 중에서 아버지의 마음이다. 아버지는 자식이 먹는 것만 봐도 배가 부르고, 그 입에 들어가는 걸 보는 기쁨이 있다. '뭐가 더 필요할까?' '무엇을 더 해줄까?' 생각하는 아버지의 마음이 하나님의 사랑이다. 나 역시 그런 눈으로 살피게 된다. 그러다 보니 더 채워 주고 싶은 마음이 든다. 이런 마음은 원래 나에게 있던 것이 아니다. 내 안에 계신 그리스도가 가르쳐 주시는 것이다.

어느 아버지가 자식이 떡을 달라 하는데 돌을 주며 생선을 달라 하는데 뱀을 주겠는가. 이것이 세상 부모의 심정일진대 하나님께서는 자녀들에게 더 좋은 것으로 주시는 분이라고 하지 않았던가(마 7:9-11)! 그 말씀을 다시금 묵상한다. 그리고 이들에게 그 하나님의 사랑을 나타내는 방법을 배워 가고 있다.

사랑은 할수록 더해지며 또 다른 사랑을 꿈꾸게 한다. 나는 그분께 배운 대로 받은 사랑을 나누고 있다. 신기하게도 사랑을 주러 간 곳에서 나 역시 사랑을 받고 돌아온다. 그 사랑만큼 나의 오랜 선입견도 내려놓게 된다. 받은 만큼 나는 여기서 살면서 갚아 가야 한다.

사람에겐 베푼 만큼 받고자 하는 보상심리가 있다. 내가 이만큼 했으면 저쪽에서도 그만큼 해주길 바란다. 그 마음 때문에 사랑하고도 서운한 마음이 생긴다. 그 서운함이 원래의 목적을 잃게 할 때가 있다. 처음엔 분명 사랑이었지만 나중에는 원망이 되기도 한다.

돌아오지 않아도 된다. 갚는 것은 하나님이 하신다. 바라는 마음을 내려놓다 보니 사랑은 그저 사랑이 되었다. 이런저런 이유가 있어서가 아니라 사랑은 그냥 사랑인 것이다.

재정 없음의 담대함, 채워 주심의 은혜

2008년 여름이었다. 갑자기 중국 정부에서 쌀이 해외로 나가는 것을 모두 막은 적이 있다. 중국 내에 쌀 가격이 변동되면서 일시적으로 가격을 조절하느라 수출을 막은 것이다. 그러다 보니 북한으로 들어오던 쌀이 오지 못하게 되었다. 그런 이유로 불과 며칠 전까지 장마당에서 1킬로그램에 북한 돈 800원이던 쌀값이 하루아침에 3천 원까지 올랐다.

북한 사람들에겐 90년대 중반부터 있었던 고난의 행군에 대한 트라우마가 있다. 자연재해와 가뭄이 겹치면서 많은 사람이 아사한 역사적 아픔이었다. 그랬기에 특히 재정이 넉넉지 않은 농촌 지역에서 쌀값이 이토록 폭등한 것은 몹시도 충격적인 일이었다. 또다시 그런 참혹한 일이 생기면 어쩌나 하는 긴장감마저 돌았다.

원래 북한의 유치원 밥은 나라에서 지원하고 있다. 그런데 이런 사정 탓에 쌀이 부족해지면서 유치원에 쌀 공급이 끊겼다. 이를 해결하기 위해서 유치원에서는 각자 집에서 자신이 먹을 쌀을 봉지에 담아 오라고 했다. 과연 그걸 가져갈 수 있는 집이 얼마나 되었겠는가? 부모들은 쥐어 보낼 쌀이 없어 아이들을 유치원에 보내지 못했다. 그때 우리를 담당하던 지도원이 그래도 아이들은 가르치고 먹여야 하지 않겠느냐면서, 선양하나가 다른 일보다 아이들 한 끼라도 먹이는 일을 해주면 좋겠다고 했다.

그때 당시 쌀 한 톤 값이 600달러(약 70만 원) 정도였다. 아이들에게 제공하려면 적어도 한 달에 5톤 정도의 쌀이 필요했다. 즉 이 일을 하려면 매달 3천 달러(약 350만 원)의 재정이 필요했다. 그러나 당시 우리에게는 그럴 만한 돈이 없었다. 우리 사역도 시작 단계였기 때문에 재정이 그리 넉넉지 않았다. 하지만 아이들을 걱정하는 이곳 사람의 마음을 그냥 지나칠 수는 없었다. 나는 지도원의 이야기를 듣고 나서 돈이 생길 수 있도록 기도해 보겠다고 대답했다. 그리고 돈이 생기면 그때 해보겠노라 말했다.

그날 이후 우리는 모여 기도하기 시작했다. 주님이 돈을 주시면 이 일을 시작하겠다고 말이다. 그러던 중 북경에 외국인들이 다니는 북경국제교회(BICF)에 방문할 일이 있었다. 처형

이 그 교회의 사역자로 있었기 때문이다. 나는 그곳에서 처형과 이 이야기를 나누었다. 그러자 북경국제교회에서 우리에게 9천 달러(약 1천만 원)를 후원해 주었다.

기도한 대로 정말 돈이 생겼다. 그러니 움직여야 했다. 우리는 이 돈으로 5톤의 쌀을 사서 나진지역에 들어가 유치원 아이들에게 점심을 제공하는 '런치박스 프로젝트'를 시작했다. 그런데 매달 3천 달러가 드는 일이었기 때문에 3개월 후에는 후원받은 재정이 바닥이 났다. 마지막 쌀을 사서 유치원에 제공하고 오는 길에 북한 직원에게 이제 가진 돈이 없어 다음 달에는 어떻게 될지 알 수 없다고 말했다. 그도 어쩔 수 없다는 걸 알고 아쉬운 마음으로 돌아갔다.

그런데 신기한 일이 생겼다. 그날 집에 돌아와 보니 내 한국 통장으로 누가 보냈는지 알 수 없는 돈 700만 원이 들어와 있었다. 나는 당장 아이들을 먹일 수 있게 되어 너무도 기뻤다. 그런데 다음 달에 또 700만 원이 입금되어 있었다. 나는 도대체 이 후원금을 누가 보냈는지 궁금해 주변 사람들에게 물어봤다. 그러나 하나같이 자기는 모르는 일이라고 했다.

그러던 중 한국의 어느 교회 청년부에서 연길을 방문해 주었다. 나는 담당 목사님을 만나 이야기를 나누다가 요즘 알 수 없는 돈이 통장에 들어온다는 이야기를 나누었다. 그랬더니 목사님이 웃으며 교회에 다니는 한 청년이 자신을 찾아와 북한 아이들을 돕고 싶다고 하기에 내 계좌번호를 알려 주었

　　　　　　　　사랑으로 길을 내다

다고 했다. 그런데 더욱 놀라운 일은, 그 청년은 주식투자 회사를 다니고 있었는데, 사내 기도 모임에서 우리 이야기를 나눴더니 사장님이 후원을 결심했다는 것이다. 알고 보니 사장님은 기도 중에 하나님께서 작년에 얻은 수익의 일부를 북한 아이들을 위해서 쓰라는 마음을 주셔서 계속 어디에 후원해야 할까 기도하던 중이었다고 했다. 자신이 알고 있는 사람이 많았지만 그들을 계속 만나지 못하던 중에 교회 청년을 통해서 우리 이야기를 들었는데, 잠깐의 기도제목만 들었을 뿐인데도 우리에게 그 돈을 보내라는 마음을 받았다고 했다. 그분은 매달 700만 원씩 1년을 후원해 주었다. 우리는 그 덕분에 아이들에게 점심도 챙겨 주고, 필요한 학용품도 제공해 줄 수 있었다. 더 놀라운 것은 그 후로 7년 동안이나 재정이 채워져 한 달도 거르지 않고 런치박스 프로젝트를 진행할 수 있었다는 사실이다.

우리는 모금을 하는 단체가 아니다. 그런데 아직까지도 여기저기서 끊임없이 후원금이 채워지고 있다. 우리 팀은 대부분 2-30대의 젊은이들이다. 가진 것은 열정뿐 돈도 인맥도 없다. 처음에는 돈이 필요하면 '누구에게 부탁해야 할까?' '저 교회는 크니까 후원해 주지 않을까?' 하면서 앉아서 돈 나올 구멍만 생각했다. 어느 날은 돈 줄 만한 사람들 리스트까지 만들었다. 그런데 그들에게는 후원을 하나도 받지 못했다. 오히려 길에서 만난 사람들, 우연히 알게 된 사람들, 일면식도 없는 사람들을 통해서 재정이 채워졌다. 현재까지 선양하나는 유치원과 탁아소 열다섯 곳, 농촌진료소 다섯 곳을 지었고, 천여 명의 아이들에게 매일 한 끼의 식사를 제공하고 있다. 그뿐 아니라 200여 명의 교사와 의사 선생님 가정에 매달 쌀과 콩기름을 제공한다. 놀랍게도 이 재정이 매년 채워지고 있다.

북한에서 해야 할 일이 생길 때마다 우리는 주님이 돈을 주시면 하라는 사인인 줄 알고 순종하겠다고 기도했다. 재정은 우리 사역에 대한 마지막 확인 작업이다. 그러다 보니 때를 따라 공급하시는 주님을 의지하며 살게 하는 법을 배운다. 조지 뮬러의 기도처럼 재정 때문에 밥을 먹이지 못하는 일이 없게 하신 기도의 응답을 경험하면서 우리는 재정에 대한 한 가지를 배웠다. 돈 때문에 무너져서는 안 된다는 것이다. 이전까지 북한 사역은 대부분 흔적을 남기지 않고 비밀리에 행해지는 것이 많았다. 그러다 보니 재정 흐름이 상당히 불투명했다. '이건 공개하면 안 된다. 북한에서 돈의 흐름을 알면 안 된다'는 식이었다. 물론 이런 방식이 필요하던 때도 있었다. 하지만 처음에는 순수한 마음으로 일을 시작했다가 유혹에 빠져 일어서지 못하는 사역자들도 종종 있었다. 그것이 우리가 될 수도 있다는 두려움이 생겼다. 누구나 그럴 수 있다. 사탄이 무너뜨리는 영역 중 하나가 재정이기에 더욱 깨어 경계할 부분이다.

　　　　　　　　　　사랑으로 길을 내다

당시 재정의 투명성에 대해서 우리는 깊이 공감하고 있었다. 그렇기 때문에 내가 먼저 동역자들에게 재정을 공개했다. 그리고 공동체 안에서 재정의 투명성을 훈련하도록 했다. 그뿐만 아니라 정부의 승인을 받으며 투명하고 공식적으로 일을 해야겠다는 생각을 하면서 한국과 미국에도 사단법인을 만들게 되었다.

나는 늘 돈이 없다. 매년 마지막 날에는 기가 막히게도 잔고가 하나도 없다. 그런데 돈도 없으면서 열심히 예산을 짠다. 감사한 것은 해마다 그 예산만큼 다양한 일을 해 왔다는 사실이다. 선양하나 공동체가 이곳에서 나름대로 순수성을 가지고 살아갈 수 있는 것은 '우리는 은행에 잔고가 없다'는 것 때문이 아닐까 생각한다. 이것이 우리의 약함을 고백하고 주님을 의지하도록 훈련시킨다. 또한 우리를 도운 분들에 대한 감사가 언제나 크게 자리하게 만든다. 재정 없음에 대한 담대함과, 또한 채워 주심에 대한 놀라운 은혜는 지난 13년간의 훈련 중 가장 값진 것이다.

북한 사람들은 우리가 없어도 스스로 다 살아 낼 수 있다. 그렇다면 하나님은 왜 우리를 이곳에 부르셨는가. 그것은 우리를 위해서다. 하나님은 이곳에서 연약한 우리를 만나 주시고 조명해 주시며 더욱 강건하게 세워 가신다. 이것이야말로 북한에서 누리는 가장 큰 은혜다.

그분은 언제나 우리 생각을 뛰어넘으신다

북한 사역을 하면서 많이 받은 질문 중 하나가 어쩌다가 신발공장을 할 생각을 했냐는 것이다. 그것은 한국에서 25년 간 신발공장을 운영해 온 아버지 덕이었다. 우리가 북한에 가는 것을 그토록 반대하다가 새벽기도 후 우리 일을 돕겠다고 했던 아버지는 정말로 그 약속을 지키셨다. 우리 가정과 함께 북한으로 가겠다고 결심한 것 자체가 놀라운 일이었다. 아버지는 남한에서 태어나 한국전쟁을 경험한 분이다. 그런데도 자녀를 도와야겠다는 생각만으로 이곳까지 와 주셨다. 결코 쉽지 않은 결정이었음을 잘 안다.

어떻게 자녀를 도울까 고민하던 아버지는 자신이 가장 잘할 수 있는 것을 택하셨다. 신발이었다. 나는 나선시에 들어가 아버지 이야기를 전했다. 여기에 오면 할 일이 있을지 물었더니 그들은 제대로 된 신발을 만들어 달라며 흔쾌히 들어오라고 했다. 나는 이때만 해도 신발공장 하나가 얼마나 많은 영역을 움직일 수 있겠는가 생각했다.

처음부터 독자기업으로 운영하게 되면 투자금이 많이 들어가기 때문에 우선 기존에 있던 나선 신발공장과 임가공계약을 맺었다. 그리고 수출할 수 있는 길이 있는지 타진해 보기로 했다. 임가공계약은 인력은 북한이 대고 원자재와 설비는 우리가 지원하면서 검열에 통과한 상품에 한해 그 수량만큼 노동자들에게 인건비를 지불하는 방식이다.

그런데 공장에 가 보니 신발을 만들 수 있는 기자재는 하나도 없고 아주머니들이 땅바닥에 앉아서 비닐을 깔고 마른 명태를 뜯고 있었다. 신발공장에서 도대체 이게 무슨 일인가 싶었다. 알고 보니 그동안 자재도 없고 운영도 어려워지면서 이 공장에 다니던 사람들의 일거리도 사라졌다고 했다. 그렇다고 마냥 손을 놓고 있을 수도 없고 뭐라도 하긴 해야겠기에 일단은 마른 명태라도 팔아서 돈을 벌고 있었다는 것이다. 그런데 우리가 와서 공장을 다시 돌릴 수 있다고 하니 그들의 얼굴에 금세 화색이 돌았다. 늘 그랬듯 여기서도 새 우물을 파는 심정으로 시작해야 했다.

그래도 신발공장은 생각보다 많은 일자리를 창출할 수 있는 사업이었다. 특히 신발을 만들려면 재봉틀을 다룰 줄 알아야 하는데, 북한 여성들에게 직장을 제공해 줄 좋은 기회였다. 실제로 북한 여성들은 경제활동으로 가정에 직접적인 도움을 줄 수 있었다는 것에 큰 보람을 느꼈다.

초창기에는 중국과 몽골, 스위스 등 해외 수출이 활발하게 이루어졌다. NGO들과 연결이 되면서 유니세프에서 중국 쓰촨성에서 지진이 발생했을 때 많은 양의 신발을 우리에게 주문해 주었고, 월드비전과 굿네이버스 등도 몽골과 아프리카 어린이들에게 보낼 신발을 우리를 통해 지원했다. 북한 사람들은 '메이드 인 북한'이 붙어 수출되니 자부심을 갖고 정성껏 만들어 주었다. 이 신발은 북한 장마당뿐 아니라 백화점에서도 팔렸다. 그뿐만 아니라 북한에 대형마트 개념의 슈퍼마켓이 생기면서 그곳에 매장을 얻어 판매를 했다.

한번은 한창 공장이 바쁘게 돌아갈 무렵 지역에 있는 사람들이 와서 신발을 좀 달라고 하는 일이 있었다. 자신들이 장사를 하고 싶은데 당장 가진 돈은 없고, 대신 단화 스무 켤레 정도를 제공해 주면 팔아서 신발 값을 갚겠다고 했다. 하지만 그들의 요구를 들어줄 수가 없었다. 밤새 공장을 돌려도 수출 물량을 맞추기가 어려운 상황이었기 때문이다.

그런데 잘나가던 공장에 갑작스럽게 위기가 찾아왔다. 2010년도쯤 천안함 사건을 비롯해 연평도 사건 등 남북 간의 갈등과 긴장이 최고조로 올라가는 상황이 연이어 일어나면서 북한에 대한 유엔의 제재가 강력하게 이루어졌다. 북한의 해외 개발을 저지한다는 의도에서 대외적인 경제활동을 못 하도록 규제가 이루어지자 '메이드 인 북한'이 붙은 제품을 해외에서 받아 주지 않았다. 그러다 보니 하루아침에 수출길이 뚝 끊기면서 신발공장이 큰 타격을 입었다. 제품들은 그대로 창고에 쌓였고, 공장도 멈추었다. 우리는 이 상황을 어떻게 해결해 나가야 할지 너무도 막막하기만 했다.

사람은 자신이 관심 있는 것에 시선이 가기 마련이다. 차를 좋아하는 사람에게는 차만 보이고, 옷에 관심 있는 사람에게는 남들 입은 옷이 먼저 눈에 들어온다. 그 무렵 우리가 돕고 있던 유치원을 방문하게 되었는데, 우연히 아이들 신발이 눈에 들어왔다. 겨울이었는데 여름 신발인지 겨울 신발인지도 모를 정도로 낡아 있었고, 더러는 양말을 신지 않고 온 아이들도 있었다. 내 눈에는 온통 신발만 보였던 때라 북한 아이들에게 겨울 신발이 얼마나 필요한지 새삼 깨닫게 된 것이다. 그때 갑자기 드는 생각이 있었다. 공장에는 겨울 신발이 쌓여서 처리가 안 되고, 아이들은 당장 신발이 필요한 상황이었다. 이 두 가지 문제를 한꺼번에 해결할 방법이 있을 것도 같았다.

고민하다가 박종순 목사님에게 연락을 해 상황을 설명했다. 그랬더니 목사님은 그 신발을 아이들에게 주라며 교회를 통해 천만 원을 보내 주었다. 그 덕에 아이들은 따뜻한 신발을 신을 수 있었고, 우리는 공장을 계속 가동할 수 있게 되었으며, 주민들은 다시 직장을 다닐 수 있게 되었다. 현재 우리 팀의 중요한 사업 중 하나인 어린이 신발 기증 사업이 이렇게 탄생하게 된 것이다. 사실 거룩한 마음에서 시작된 것이기 보다 당시 수출길이 막히는 바람에 진행된 일이었다. 그러나 그런 이유라 하더라도 감사했다. 고난을 선으로 만드신 하나님께서 또 한번 유익한 일을 만들어 내셨다.

북한의 추위는 맹렬하다. 영하 30도까지 내려가는 북한의 겨울을 보내는 일은 쉽지 않다. 이런 계기로 지금까지 아이들의 발을 녹여 줄 눈장화는 많은 사람의 후원으로 북한 전역에 제공되고 있다. 눈장화를 받아들고 세상을 다 가진듯 기뻐하는 아이들을 보면 내 마음의 온도도 저절로 올라간다.

그뿐만 아니라 전혀 생각지도 못한 또 하나의 축복의 통로가 열렸다. 수출로 한창 바쁘던 날에 주민들이 와서 단화 스무 켤레만 달라고 했을 때는 아무런 도움도 줄 수 없었는데, 이제는 상황이 달라져 얼마든지 그들이 달라는 대로 나눠줄 수 있게 된 것이다. 팔면 원금을 갚겠다고 했지만 처음엔 그 말을 믿지 않았다. 신발만 가져가고 돈을 안 갚으면 우리만 손해가 아닌가 하는 마음으로 주지 않았던 것이다. 그러나 지금은 어차피 팔지도 못할 신발이 쌓여 있으니 그들이 혹여 돈을 안 갚는다 해도 밑져야 본전이었다.

그런데 놀라운 일이 일어났다. 그들은 정말로 신발을 팔아서 원금을 가져왔다. 그뿐만 아니라 각자 그들만의 판로를 개

사랑으로 길을 내다

척해 3달러짜리 신발을 가지고 어떤 해는 8만 달러의 수익을 냈다. 그들을 통해 오히려 우리 회사의 북한 내수시장의 판로까지 열리게 된 셈이었다.

경제 용어 중에 '마이크로 파이낸스'라는 말이 있다. 형편이 어려운 이들에게 담보 없이 소액을 대출해 주거나 투자해서 사업의 기회를 제공하고, 거기에서 나온 수익으로 돈을 갚도록 해 이들이 자립할 수 있도록 지원하는 서비스다. 우리가 전혀 의도치 않은 상황에서 저절로 이런 경제 자립 활동이 일어나게 된 것이다.

이들이 정말로 돈을 가져왔을 때는 당연한 일임에도 나는 너무 놀랐고 감동했다. 안 가져와도 어쩔 수 없는 일이라 여겼기 때문이다. 그런데 이 일을 통해 서로에게 신뢰가 생겼고 그들의 일상에 한발 다가갈 수 있게 되었다. 또한 이런 경험을 통해 우리는 북한 내 실물 경제를 체득한 독보적인 팀이 되었다. 결코 우리가 계획한 일이 아니었다. 고난을 변화시켜 축복이 되게 하는 일은 하나님이 하신다. 그분은 언제나 우리 생각을 뛰어넘으신다.

신발공장은 북한 사람들과 함께 일구어 낸 기적의 현장이다. 적은 돈이지만 누군가의 한 가정이 살아갈 힘을 얻게 되었고, 문 닫을 위기에 처한 회사가 여전히 의미 있는 일을 해내고 있다는 사실이 감사하다.

살기 위해 이곳에 왔고, 더 오래 함께 살아 보기 위해 신발

사업을 시작했다. 그러나 외국인이라는 신분 때문에 외부적
으로는 사람들과 접촉하는 것이 쉽지 않고 제한적인 부분이
많았다. 그럼에도 어느새 그들과 함께 삶을 살아가는 은혜를
더 깊이 경험하게 되었다. 나는 그것으로 충분했다.

하나님의 시선은 사람에게 있다

임가공계약을 맺으려면 사업체가 있어야 한다기에 우리는 연길에 본사(연길선양신업유한공사)를 세운 뒤 나진에 지사(선양하나무역회사)를 두고 신발공장을 운영했다. 신발공장에서 행정과 회계를 관리하는 여직원이 있다. 그녀는 우리 지사가 처음으로 고용한 직원이었다. 우리와 함께 일한 지 어느새 10년이 넘었다. 그녀의 역할은 우리를 보호해 줘야 하는 동시에 북한 사람으로서 북한의 요구도 철저히 지키는 것이었다. 그 힘든 자리를 당시 20대 젊은 여성이 맡았다.

어디서든 사업을 한다는 게 쉬운 일은 아니겠지만 북한에서, 그것도 이방인으로서 사업을 한다는 것은 참 녹록지 않은 일이었다. 이곳에서 사업을 하다 보면 여러 기관에서 무리한 요구를 할 때가 종종 있다. 어떤 이들은 우리가 외국인이고 기독교인이라는 이유로 비방하거나 상황을 어렵게 만들곤 했다. 그러면 속절없이 불이익을 당할 수밖에 없다. 그런 순간에 그녀가 앞에 나서서 우리의 입장을 변론해 주었다. 잘못하다가는 그 사람들에게 배척당할 수 있고 자신에게 좋을 것 하나 없는 일이었다. 그런데도 그녀는 눈물을 흘리면서까지 우리가 좋은 사람들이라 이야기해 주었다. 하지만 회사에 와서는 별일 없었던 것처럼 내색하지 않아 우리는 그런 사실조차 모르고 있었다. 훗날 다른 사람을 통해서 그녀가 우리를 위해 그토록 애써 주었다는 것을 알게 되었다. 그러나 자신이 해결했노라 생색 한번 내는 일이 없었다.

한번은 공장을 열심히 돌렸지만 직원들 월급을 못 주는 일이 있었다. 장마당에서 신발이 많이 팔려도 해마다 5천만 원에서 1억 원 정도 적자가 났다. 매년 어떻게든 꾸려 나갔지만 때때로 운영자금이 부족해 어려운 상황을 맞기도 했다. 직원에게 월급을 지급하지 못하면 나진지역에서 쫓겨나거나 불량 기업으로 낙인찍힐 수밖에 없었다. 그녀는 회사 사정을 누구보다 잘 알았기에 상황이 어려워지면 어떻게든 돈을 구해 어려운 고비를 넘길 수 있도록 우리를 도와주었다. 이렇게 동고동락하다 보니 어느새 그녀와 우리는 고용주와 직원을 넘어 끈끈한 친구가 되었다. 돌아보니 이곳에서 내가 북한 사람들을 도울 때보다 오히려 그들로부터 도움을 받을 때 더 깊은

사랑으로 길을 내다

신뢰를 쌓을 수 있었다.

　신발공장을 운영하면서 제일 힘들었던 것은 다름 아닌 이사였다. 기존에 있던 북한 측의 공장을 제공받아 운영하고 있었기 때문에 땅과 건물이 우리 소유가 아니라서 그들이 옮기라면 옮겨야 했다. 그러다 보니 10여 년 동안 세 번이나 쫓겨나는 일이 있었다. 문제는 공장을 옮기라는 통보가 그리 친절하지 않다는 것이다. 겨우 일주일 전에 통보하고는 다른 곳에 있는 공장에 가서 일을 하라고 한다거나, 어떤 때는 불과 3일 안에 이사를 가야 했다. 이를 지키지 못할 땐 문을 닫는 것밖에는 달리 방도가 없었다. 북한에서 한해 2억 원의 자금이 들어가는 규모의 공장인데 마치 보따리장수처럼 짐을 싸서 옮기는 걸 수차례나 반복해야 했던 것이다.

　인간이 겪는 가장 큰 스트레스 중 하나가 이사라고 한다. 한번 이사하려면 얼마나 부산스럽고 신경 쓸 게 많은지, 이사를 마치고도 한동안 정리하느라 정신이 하나도 없다. 일반 가정집도 그러한데 하물며 공장을 세 번이나 이사를 했으니 그때마다 난리도 아니었다. 게다가 이사 비용도 만만치 않게 들어 옮길 때마다 돈이 줄줄 새 나갔다. 그런데 우리가 공장을 옮겨야 하는 이유는 별게 아니었다. 다른 회사에서 우리 공장 자리가 마음에 든다며 투자를 많이 할 테니 달라고 했다는 것이다. 그럴 때마다 우리는 힘없이 쫓겨나야 했다.

　이런 혼돈의 상황에서 우리는 충분히 흔들릴 수 있었다. 그러나 우리 공동체는 함께 기도하며 상황에 무너지지 않고 이 땅을 향한 첫사랑의 마음이 변하지 않기를 위해 노력했다. 수차례 사업장을 옮겨야 했지만 우리는 계속해서 그들과의 약속을 지켰고, 지원하는 것을 멈추지 않았다. 무엇보다 함께 일하던 북한 사람들의 일자리를 잃게 할 수는 없었다.

그녀는 이런 상황에서 우리 공동체가 어떻게 하는지를 가까이서 지켜보았다. 우리의 진정한 마음을 본 것이다. 어느 날 그녀가 이런 말을 했다.

"이처럼 어려운 일을 이겨냈다는 것이 놀랍습니다. 우리를 위해 이곳에 있어 줘서 고맙습니다. 당신들이 없었다면 수많은 직원이 매우 어려운 상황에 처했을 텐데, 조선의 직원들이 얼마나 고마워하고 있는지 알아주셨으면 좋겠습니다."

그녀의 입에서 처음으로 들은 감사의 고백이었다. 그 말에 오히려 내가 감사했다. 함께 있어 줘서 고마웠다. 같이 이겨 내 줘서 고마웠다. 이 일은 함께 일하는 사람들이 마음을 열고 외부인인 우리를 받아들여 주는 계기가 되었다. 북한에서 얻은 가장 큰 수확은 이런 아름다운 한 사람이었다. 우리가 수많은 시간을 프로젝트에 쏟고 있지만 궁극적인 바람은 주님께서 그곳 사람들의 삶을 만져 주시는 것이다.

나는 관계 안에서 하나님의 사랑을 경험할 수 있다고 생각한다. 아버지가 신발공장을 계약하면서 가장 먼저 한 일이 식당을 만든 일이었다. 아버지는 지금도 북한에서의 일을 추억

사랑으로 길을 내다

할 때 공장 규모가 커진 것보다 그들에게 식당을 차려 준 것을 제일 잘한 일이라고 여기신다. 그곳에 갔을 때 사람들이 멈춘 공장 안에서 마른 명태를 뜯고 있는 것을 보면서 먼저할 일과 나중 할 일이 있다는 생각을 하셨다고 한다. 북한 관리자는 오자마자 공장 식구들을 위해 식당을 만들어 준 아버지를 보고 이 사람이 어떤 사람인지 알아봤다고 했다. 돈만 벌려고 온 사람이 아니라 같은 동포로서 여기에서 일하는 사람들이 무엇이 필요한지, 또 이들에게 어떻게 해야 하는지를 진심으로 생각하는 사람이라고 말해 주었다.

나는 전쟁을 경험한 아버지가 자신의 마음을 내려놓고 이곳에 와서 사람을 먼저 생각하는 것을 보았다. 나는 아버지가 그리스도의 마음을 품었다고 생각한다. 어느 노 목사님의 고백을 들은 적이 있다. 지난날 똑똑하고 싶었고 남들보다 잘나고 인정받고 싶었지만, 세월이 지나 이제 자신이 갖고 싶은 마음 하나가 있다면 그것은 따뜻한 하나님의 마음이라고 했다. 나 역시 하나님의 마음을 가지고 싶다. 하나님의 시선은 언제나 프로젝트가 아닌 우리에게 향해 있다. 하나님의 그 시선을 따라 살며, 하나님의 마음을 내 마음에 담고 살아갈 수 있기를 바란다.

사람, 그것은 실패와 좌절 속에서 얻은 더없이 귀한 열매였다.

내가 여기 있으니 낙심하지 말라

처음 맞는 북한의 겨울밤은 정말로 견디기 힘들 만큼 추웠다. 내복에 옷을 두 겹이나 껴입고 거기에다 겨울 외투에 목도리까지 두른 채 담요를 덮고 있었지만 온기를 유지하기에는 충분하지 않았다. 자고 일어나면 추위 때문에 온몸이 뻐근했다. 이른 봄이었지만 바깥 기온은 아직 영하에 머물러 있었다. 호텔 난방은 대부분 전기에 의존하고 있는데 겨울이 되면 전력 수급이 더 어려워 말을 하면 입김이 날 정도였다. 게다가 정식장기비자가 나오기까지 나는 중국에 있는 가족들과 떨어져 지내야만 했다. 이쯤 되면 어김없이 이런 생각이 들곤 했다.

'나는 지금 도대체 여기서 뭘 하고 있는 건가. 아내와 아이

들이 있는 집으로 돌아가면 될 텐데 왜 이렇게 홀로 사서 고생을 하고 있는 것일까.'

건축 현장에서 지도원들과 싸움만 하고 있는 것 같던 어느 날이었다. 몸도 힘든데 그날따라 자괴감마저 들었다.

'나는 여기에 싸우러 온 것인가. 이렇게 다투기만 해서 어떻게 주님의 사랑을 나누겠다는 것인가? 삶으로 주님의 증인이 되겠다고 하면서 나는 왜 이리도 북한 관리자들과의 관계가 힘든 것일까? 게다가 일은 또 왜 이렇게 어려운가?'

열정을 가지고 들어온 북한이지만 생각만큼 모든 것이 쉽지 않았다. 익숙하지 않은 일을 하며 사람들과 부대끼는 동안 몸과 마음은 자꾸만 지쳐 갔다. 고민이 쌓일수록 자꾸만 낙심되었다. 하지만 기도 외에는 할 것이 많지 않았다. 나는 잠시 머리도 식힐 겸 현장을 돌면서 조용히 기도하기 시작했다.

그런데 그때 눈앞에 무언가가 내 시선을 사로잡았다. 그것은 십자가였다. 너무도 의아했다. 도대체 여기에 어떻게 십자가가 있을 수 있단 말인가. 나는 좀 더 가까이 다가가 보았다. 분명 나무로 된 십자가가 한 건물의 지붕 위에 솟아 있었다. 이럴 수가! 나는 깜짝 놀라 그 자리에 우두커니 섰다. 그 순간 마치 하나님께서 말씀하시는 것 같았다. 내가 여기에 있으니 낙심하지 말라고 말이다. 나는 갑자기 눈물이 핑 돌았다. 그 어느 때보다 격려가 필요한 순간이었다. 그때 하나님께서 다가와 주셨다. 무엇보다 이 북한에서 하나님과 함께하고 있다는 사실이 얼마나 큰 위로가 되었는지 모른다. 그때 내게 이런 마음이 들어왔다.

'너는 여기서 단지 유치원이나 진료소 몇 개를 짓고 있다고 생각하겠지만 이것들은 그저 하나의 건물이 아니다. 벽돌 한 장 한 장을 쌓을 때마다 하나님의 사랑을 세워 나가는 것이다.'

그때 나는 지금 하는 이 일이 하나님께서 나에게 맡기신 사역이라고 확신했다. 비록 고단하지만 이 땅을 축복하기 원하시는 하나님의 뜻을 위해 내가 여기에 있음을 다시 한번 깨달았다.

자세히 보기 위해서 그 건물 앞에까지 가보니 그것은 십자가가 아니라 전깃줄이 감긴 막대기였다. 하지만 그날 너무도 선명한 하나님의 메시지를 얻었다. 그때부터 나는 하나님의 사랑을 건설하는 마음으로 일했다. 느헤미야의 삶은 큰 격려가 되었다. 느헤미야는 왕의 술관원이었지만 예루살렘의 무너진 성벽을 재건하라는 부르심을 받아들였고, 그는 하나님의 영광을 위하여 일했다. 그 결과 이스라엘에 회복과 부흥이 임했다(느 8-9장).

인간적인 관점에서 우리는 그저 북한에서 인도주의적 사업을 하는 외국인 사업가다. 그러나 하나님의 시각에서는 북한에 축복이 임하도록 사랑의 길을 개척하는 일꾼이다. 나는 전심을 다해 이 땅이 행복해지길 바란다. 그래서 이 땅의 사람들을 축복하며 기도한다.

그 일을 겪고 나니 다시 새로운 힘이 솟았다. 나의 회복탄력성을 최상으로 올리는 분은 역시 하나님이라는 것을 다시 고백하게 된다. 매일 만나 부딪히는 북한 관리자들을 바라보는 마음도 달라졌다. 그들이 귀한 파트너로 보이기 시작했다. 지도원들과 다투는 대신 의미 있는 관계를 쌓고자 노력했다. 물론 여전히 북한 관리자들과 함께 일하며 겪는 숱한 좌절감은 때때로 파도처럼 밀려오곤 한다. 그럴 때마다 나는 기도해야 한다는 것을 절감한다. 기도는 모든 것이 하나님께 달려 있으며 이 땅 가운데 그분의 능력과 사랑을 부으시도록 요청하는 것이다.

말에는 권세가 있다. 우리는 말로 누군가를 저주할 수도, 축복할 수도 있다. 식물도 좋은 말을 들려주면 잘 자란다는데 하물며 사람은 어떠하랴. 이스라엘 민족이 바벨론 포로로 끌려갔을 때 그들은 상한 마음으로 바벨론을 저주할 수도, 탓할 수도 있었다. 그러나 하나님은 그들에게 "너희는 내가 사로잡혀 가게 한 그 성읍의 평안을 구하고 그를 위하여 여호와께 기도하라 이는 그 성읍이 평안함으로 너희도 평안할 것임이라"(렘 29:7)라고 하셨다.

하나님의 계획은 우리가 축복하는 사람이 되는 것이지 저주하는 사람이 되는 것이 아니다. 우리에게 상처를 주고 핍박하는 자라고 해도 축복해야 한다(마 5:44). 그것이 우리를 평화롭고 경건한 삶으로 인도하기 때문이다(딤전 2:2). 그러므로 하나님의 뜻은 북한 사람들을 축복하는 것이지 저주하는 것이 아니다.

하나님의 형상대로 지음받은 우리가 주님을 찬양하면서 그 입으로 사람들을 저주하는 것은 위선이다. 야고보는 한 입에서 찬송과 저주가 나오는 것은 마땅하지 않다고 말했다(약 3:10). 우리의 말은 생명을 창조하라고 만든 것이지 파괴하라고 만들어진 것이 아니다. 하나님은 말씀으로 온 우주를 창조하셨다. 마찬가지로 우리 역시 말을 통해 격려하고 축복하며 생명을 생산해야 한다. 이것이 우리의 특권이다. 어렵고 힘들더라도 북한과 북한 사람을 위해 축복을 구해야 한다.

한 북한 관리자가 나에게 이런 말을 한 적이 있다.

"우리는 문을 활짝 열고 여러 외국인을 초청하고 싶습니다. 그러나 현재로서는 열악한 환경을 보여 주기가 부끄럽고 꺼려집니다. 우리가 다시 번성하여 사람들에게 보여 줄 수 있는 상황이 되면 그때는 더 많은 사람이 우리나라에 방문하길 원합니다. 당신들도 집안 상황이 어지러울 때는 손님을 초대하지 않잖습니까?"

우리는 그들의 집을 다시금 정리하는 일에 동참하는 것이다. 하나님은 우리에게 그들을 돕고 지원하는 일 또한 영적인 부분에서 다시 그 땅을 강성하게 하는 일을 맡기셨다.

그래서 하나님이 계신 이곳에 나도 있는 것이다.

사랑으로 길을 내다

이로써 너희가 내 제자인 줄 알리라

얼마 전까지 나는 미국에서 척추 환자를 치료했는데, 이제
는 북한에서 건물을 짓는다. 그것은 마치 성인이 다 되어 새
로운 언어를 배우는 것과도 같았다.

선양하나 공동체를 만든 뒤 우리는 유치원을 비롯해 탁아
소와 진료소 등 여러 건물을 짓기 시작했다. 전문가도 아닌
우리가 건축을 한다는 것은 너무도 어려운 일이었다. 게다가
북한 사역을 먼저 시작한 분들이 충고해 주기를, 북한에서 일
할 때 주의할 것이 있는데 이곳 사람들이 도둑질하는 습관이
있기 때문에 건축이 시작되면 자재들을 도둑맞지 않도록 잘
관리해야 한다는 것이었다. 특히 교회 헌금으로 짓는 건물인
만큼 누가 자재를 훔쳐 가면 그건 성물을 잃어버리는 것이라

고 했다. 이런 말까지 듣고 나니 내 능력으로 감당하기에는 너무도 어려운 프로젝트라는 생각이 더욱 커졌다.

우리는 건축을 위해 매일 기도 모임을 가졌고 회의도 했다. 주제는 '어떻게 하면 북한 사람들로부터 성물을 보호하여 도둑맞지 않고 건축을 잘할 수 있는가?'였다. 그 덕에 건설 전문가도 아닌 우리는 그들에게 밀리지 않고 잘 싸워 나갔다. 날마다 어떻게 잘 싸울까 전략회의를 하다 보니 건축은 예상대로 진행되어 갔고, 우리는 그곳에서 제법 똑똑하게 일하는 사람들이 되었다.

그런데 언제부턴가 우리 공동체 식구들이 나진지역에 나타나면 함께 일하는 북한 담당자들이 갑자기 급한 일이 생겼다며 피하기 시작했다. 이야기 나누는 것도 점점 꺼렸다. 젊은 사람들이 와서 꼬치꼬치 따지고 말끝마다 싸움을 거니 그들도 상대하기 싫었던 것이다. 그것에 대해서 우리는 워낙 일처리를 확실하게 하고 빼돌릴 틈을 주지 않으니 저들이 지레 겁먹고 그런 것이라며 오히려 자랑스럽게 생각했다.

그런데 어느 날부턴가 우리 공동체에도 변화가 찾아왔다. 프로젝트 성공을 위해서 날마다 북한 사람들과 각을 세우고 싸우다 보니 공동체 식구들과의 관계마저도 공격적이고 전투적으로 변해 갔다. 조금만 늦어도 쓴소리가 나왔고, 일하다가 실수를 하는 사람에게 엄격하고 날카로워졌다. 말에는 가시가 돋았고, 서로를 바라보는 눈빛에는 한껏 날이 섰다. 어느덧 우리 안에서 서로를 대하는 모습이 마치 우리가 북한 사람들에게 지지 않기 위해서 대했던 바로 그 모습과 닮아 있었다.

이것이 눈에 들어왔을 때 나는 심각한 위기를 느꼈다. 우리 공동체는 북한 사람들을 사랑하고 섬기겠다는 마음으로 일을 시작했다. 그런데 그리스도 안에서 서로 형제자매가 된 우리끼리도 서로 용서하지 못하고 사랑하지 못하면서 도대체 무슨 자격으로 북한 사람들과 아이들을 사랑한다고 할 수 있을까? 그때 주님은 기도 가운데 우리 공동체에 다시 한번 요한복음 13장을 기억하게 하셨다.

"새 계명을 너희에게 주노니 서로 사랑하라 내가 너희를 사랑한 것같이 너희도 서로 사랑하라 너희가 서로 사랑하면 이로써 모든 사람이 너희가 내 제자인 줄 알리라"(요 13:34-35).

이 말씀이 마치 천둥처럼 우리 가슴에 꽂혔다. 우리는 철저하게 무릎 꿇고 회개했다. 북한 사람들의 잘잘못을 따질 것이 아니라 우리 스스로를 먼저 점검해야 한다는 것을 알았다.

그리고 우선순위가 무엇인지를 재정립하게 되었다. 그동안 우리 우선순위는 추운 겨울에 난방도 제대로 되지 않는 유치원에서 하루를 보내는 아이들을 위해 보다 나은 환경을 만들어 주어야 한다는 것이 되어 버렸다. 그래서 이 건축을 방해할 모든 가능성을 향해 경계와 의심의 눈을 가지고 있었다. 그리고 북한 사람들과 싸우는 데에 힘을 모았던 것이다. 이런 우리 모습을 지켜보며 함께 참여한 북한 사람들도 우리를 똑같이 대했고, 이런 경계와 의심은 더 나아가 우리 공동체 안으로 스며들었던 것이다.

우리는 북한의 문제를 해결해 주는 것이 우리가 할 일이라고 생각하고 있었다. 그러나 그날 주님은, 우리를 이곳에 보내신 것이 건물만 짓기 위해서가 아니라 먼저 주님 닮은 제자가 되라는 것이었음을 알려 주셨다. 서로 사랑함으로 주님의 그 사랑을 세상이 알게 하는 것이 바로 우리가 해야 할 일이었던 것이다. 복음의 본질을 받아들이는 순간 우리 공동체를 회복하시는 주님의 은혜를 경험했다.

그날 이후 우리 공동체의 모토는 '우리부터 잘하자'가 되었다. 우리는 못하면서 저들에게 잘하라고 하는 것은 얼마나 모순적인가. 북한의 아이들과 동포들을 사랑한다고 말하기 전에 우리가 먼저 서로 사랑하는 것에 성공하자고 결심했다. 우리가 이 땅에서 이루어야 할 일은 그들에게 건물을 지어 주고 아이들을 먹이는 일도 있지만, 그보다 먼저 서로 사랑하는 일이었다. 예수님을 닮아 가는 것이었다. 함께 일하는 북한 동료를 돌아보고 그들을 내 몸과 가족처럼 사랑하며 함께 살아가야 한다는 마음을 강력하게 부어 주셨다.

그때부터 나는 진정한 주님의 공동체가 무엇인가에 대해서 고민했다. 마침 벤 토레이 신부님이 강원도 태백에 있는 예수원에 나를 초청해 그곳에서 함께 살고 있는 형제자매들

사랑으로 길을 내다

을 소개해 주었다. 그뿐 아니라 얼마간 예수원 공동체를 깊이 볼 수 있는 기회를 허락해 주었다. 나는 그곳에 머물면서 세상의 모든 것을 버리고 서로 한 몸을 이루어서 살겠노라 작정하고 들어온 사람들을 보며 큰 도전을 받았다. 어떻게 이런 삶이 가능할 수 있을까?

그런데 공교롭게도 그때 한 대학교 상담학과 교수님이 방문해 예수원 형제들을 대상으로 부부 상담, 관계 상담 등을 해주는 걸 보게 되었다. 이렇게 아름다운 공동체를 이루고 있는 사람들이 뭐하러 외부 상담까지 받을까 의아했다. 교수님은 가까이 사는 사람들이 더 갈등을 풀어 내지 못한다며, 당사자들끼리 풀기 어려워하는 문제들이 있어서 이렇게 전문가인 자신이 개입해서 상담해 주고 있다고 웃으며 이야기해 주었다. 그때 나는 좋은 공동체란 모두가 화목하고 같은 방향을 바라보는 것이 아니라, 비록 갈등과 어려움이 있고 서로 간에 이해 못 하는 것들이 존재한다 하더라도 주님 안에서 용납하고 인정하며 관계를 포기하지 않고 함께 살아가는 것이라는 걸 알았다.

북한에서 일하는 많은 사람이 프로젝트를 성공시키기 위해 애쓰다 보니 관계 안에서 갈등과 상처가 많은 것을 보게된다. 그리스도의 몸 된 지체라고 하면서 들어왔는데 어떤 때는 싸워서 서로 얼굴도 보지 않는다. 그러니 북한 사람들조차 기독교인들은 도대체 왜 그러느냐고 비웃는다. 피를 나눈 형제처럼 왔다가는 한번 마음이 틀어지면 두 번 다시는 안 보려 한다는 것이다. 자신들도 싸우는 일이 많지만 그래도 같이 살아야 하니 술 한 잔 마시고 넘어갈 때가 많은데, 기독교인들은 한번 원수가 되면 끝까지 원수가 된다고 하는 말을 들으면서 내심 많이 부끄러웠다. 가족처럼 함께 살아갈 때 싸움과 갈등이 있지만 그래도 같이 살아가는 것, 그래서 서로를 더 이해하게 되는 것 말이다.

'서로 사랑하라'는 말씀에 집중하다 보니 싸늘하던 북한 사람들과의 관계도 조금씩 회복되어 갔다. 우리와 일하다 다른 부서로 옮기게 된 담당 지도원이 떠나기 전날 나를 찾아왔다. 3년여 동안 생사고락을 함께한 지도원이었기에 헤어짐이 너무 아쉬웠다. 함께 바닷가를 걷던 중 그는 조심스럽게 속내를 털어놓았다.

"윤 선생님, 사실 저는 선생님들의 지도원으로 발령받고 이곳에 처음 왔을 때 당신들이 아주 나쁜 사람들인 줄 알았습니다. 그런데 선생님들을 가까이에서 지켜보며 알게 된 사실이 있습니다. 그것은 선생님들은 나쁜 사람들이 아니라는 것입니다. 비록 앞으로는 선생님들과 함께 일을 못 하지만 제가 어디에 있든지 힘껏 잘 도와드리도록 하겠습니다."

뜻밖의 고백이었다. 한때 서로를 미워하는 것을 당연하다 여기며 살아왔던 나와 지도원은 서로를 바라보며 눈시울을 적셨고 뜨거운 악수로 작별 인사를 했다.

사랑으로 길을 내다

한 부모 밑에서 자라도 자식들의 성격과 취향이 다르게 성장하는데, 하물며 강산이 일곱 번 변하는 동안 서로 다르게 살아온 남과 북의 사람들 아닌가. 나와 다른 사람을 이해하고 사랑한다는 것은 결코 쉬운 일이 아니다. 우리는 멀리 있는 북한 사람들보다 오히려 같이 사는 부모, 형제, 친구, 공동체와 같은 가까이 있는 사람들에게 더 모진 상처를 받는다. 자기 옆에 있는 그 사람을 사랑하는 것을 건너뛰고 북한 사람을 사랑한다는 것은 위선적인 이야기다. 그것은 울리는 꽹과리와 같다.

우리는 지금도 '서로 사랑하라'는 성경 말씀을 계속해서 훈련한다. '우리가 먼저 잘하자'는 표어를 날마다 되뇐다. 흔히들 북한을 생각하면 '도와야 한다' '필요를 채워 줘야 한다'고 이야기한다. 우리도 처음에는 그런 줄 알고 갔다. 하지만 살다 보니 우리가 뭔가를 주기 때문에 북한이 변화하는 것 같지는 않다. 오히려 북한 사람들이 고쳐야 할 것보다 우리가 고칠 게 더 많다는 사실을 깨닫는다. 주님께서 우리를 사랑하신 것처럼 우리가 먼저 서로 사랑하면 북한 사람들도 우리 안에서 예수 그리스도를 볼 수 있다는 말씀을 온몸으로 체득하게 되었다.

연약한 담쟁이 잎들이 높고 단단한 벽을 넘는다

인생 그래프를 그리다 보면 정점을 찍는 순간도 있고 바닥을 찍는 순간도 있다. 그런데 인생의 위기나 어두웠던 시절이 있었다 해도 신앙인들에게 있어서 바닥은 꼭 바닥이 아니었음을 발견한다. 바닥을 쳤다는 것은 올라갈 일이 있다는 것이고, 어둠을 경험했다면 빛을 간절히 소망하는 마음을 얻게 되기 때문이다. 우리 공동체에도 그런 순간이 있었다.

중국 비자를 갱신하기 위해 신체검사를 받으러 연길 국립진료소에 갔을 때였다. 그저 형식적인 절차였다. 그런데 거기서 아내의 신장과 간에 물혹이 보이니 좀 더 검사를 해보라는 결과가 나왔다. 우리는 물혹이 심각해 봐야 얼마나 심각할까 하는 생각에 대수롭지 않게 여기고 넘겼다. 그런데 다음날 다른 병원에 가보니 물혹뿐 아니라 종양이 발견되었다. 신장암은 다른 조직으로 전이되기 전에는 보통 별다른 증상이 나타나지 않아 몰랐던 것이다. 3년간의 사역을 마친 뒤 미국으로 첫 휴가를 떠날 계획이었다. 그런데 종양은 이미 3기까지 진행되어 있었고, 암세포는 빠르게 자라고 있었다. 우리는 모든 일정을 취소할 수밖에 없었다. 급히 한국에 들어가 수술을 받았다.

수술을 마친 뒤 아내의 회복을 위해 뒤늦게 미국으로 건너가 남은 일정을 소화했다. 그때 공동체 식구에게서 연락이 왔다. 공동체에 계신 정 선생님이 갑자기 심장마비로 돌아가셨다는 소식이었다. 정 선생님은 우리가 오래 자리를 비우게 되면서 공동체와 북한 사역을 잠시 부탁드렸던 분이다. 아내는 이제 겨우 몸을 추스르고 있었다. 그런 때에 우리는 너무도 큰 충격을 받았다.

늦은 밤 공동체 식구들이 정 선생님 집에 달려가 상황을 정리하고 장례를 치렀다. 대부분 나이 어린 청년들이라 갑작스러운 상황을 겪으며 모두 놀라고 당황스러워했다. 게다가 미국 시민권자였던 정 선생님이 북한에 갔다가 중국에서 사망한 것이니 말을 만들려면 얼마든지 만들 수 있는 상황이었다. 그때가 천안함 사건과 연평도 사건이 일어났을 무렵이라 상당히 민감한 시기였다. 무엇보다 가족처럼 지내던 분을 갑자기 떠나보내게 되면서 공동체는 큰 비통함에 빠졌다. 나는 사랑하는 동역자의 사망 소식에도 그곳으로 빨리 갈 수 없다는 사실이 더 가슴 아팠다. 떠나 있는 동안 중국 비자가 만료되어 돌아가려면 아무리 빨라도 며칠은 걸렸기 때문이었다. 이런 때에 리더인 내가 그들과 함께 있어 주지 못한다는 것 역시 너무도 미안했고 고통스러웠다.

그런데 그 무렵 믿기 힘든 일들이 연속해서 일어났다. 정 선생님이 돌아가신 후 한 달 사이에 공동체 식구들에게 대형 교통사고가 네 번이나 일어났다. 생사를 오갔던 급박한 상황들이었다. 차는 완전히 망가졌고 탑승자들은 약간의 부상을 입은 채 극적으로 탈출했다. 연달아 일어나는 비극적 사건 때문에 견디기 힘든 충격과 상처가 젊은 형제자매들의 마음 가운데 짙게 드리웠다.

우리는 심리적으로 심각한 진통을 겪었다. 마치 사탄은 우리를 조롱하며 자신이 우리보다 강하다고 속이는 것 같았다. 그러나 그 어떤 것도 하나님에게서 우리를 끊어 낼 수는 없었다. 우리는 마음이 바닥을 칠 무렵 다시 일어날 방법을 찾았다. 그것은 기도였다. 우리는 금식하며 돌파구를 찾기 시작했다. 우리는 연약하나 하나님은 강하시며, 우리를 끌어내리려는 영적 세력들보다 하나님은 더 크시다는 것을 고백했다. 하나님의 일은 아직 끝나지 않았다. 하나님은 여전히 우리를 향한 계획을 갖고 계시고 장래에 더 위대한 일들이 이루어질 것임을 믿었다.

사랑으로 길을 내다

우리는 기도 가운데 일련의 사건들을 견뎌 내며 공동체로서 한 몸을 만들어 가고 있었다. 그리고 그것을 확인하는 사건이 일어났다. 2012년도 무렵이었다. 미국 교포이신 김 목사님이 북한에 잡혀 생사를 오간 적이 있었다. 김 목사님은 사역 단체 대표로 한국에서 강의를 많이 하던 분이었다. 그날도 여느 때처럼 강의를 끝내고 정리를 하는데 탈북자 사역을 하는 어떤 분이 자신이 하고 있는 사역에 대한 설명을 적은 편지를 전하며 동역해 주기를 청했다. 그런데 김 목사님은 자신이 하는 일과 성격이 다른지라 죄송하다며 정중히 사양하고는 그 편지를 그냥 수첩에 껴 두었던 것이다. 그리고 그 사실을 잊은 채 나선에 들어오다가 세관을 통과하던 중 그 편지가 발견되었다. 편지에는 상당히 민감한 내용들이 적혀 있었다. 문제는 그 일이 우리 팀과 함께 들어가다가 생긴 일이었기 때문에 모든 책임이 우리 공동체 선양하나의 이름으로 넘어오게 되었다. 우리와는 전혀 상관없는 일이었지만 북한에서는 우리를 얼마든지 엮어 문제 삼을 수 있었다. 이 사건은 공동체의 존폐가 걸린 강력한 위기였다.

나는 이 소식을 듣고 급히 나진으로 들어갔다. 그런데 나는 형제자매들을 보면서 적잖이 놀랐다. 김 목사님과 함께 들어온 공동체 식구들이 모두 조사실에 들어가 그를 풀어주고 대신 자신들을 잡아가 달라고 애원하고 있었다. 그는 이 편지 내용과 전혀 관련이 없다는 것을 우리가 보증할 테니 제발 풀어 달라고 울부짖었다. 그러고는 김 목사님이 풀려날 때까지 흩어지지 않고 그곳에서 갖은 노력을 다했다. 잘못하면 국가 전복죄로 같이 잡혀 들어갈 수 있는 위험천만한 상황이었다. 두려움에 피할 수 있었고, 뿔뿔이 흩어져 도망을 가는 게 정상이었다. 몸을 사려야 더 마땅했을 수도 있다. 어쩌면 애먼 피해를 당할 수도 있었기 때문이다. 그런데도 젊은 청년들은 아무도 그 자리를 떠나거나 도망치지 않았다.

나는 이 사건을 통해 우리가 진정으로 하나가 되어 가고 있음을 느꼈다. 각 지체가 한 몸에 있는 것처럼 한 지체가 고통을 받으면 모든 지체가 함께 고통을 받고 한 지체가 영광을 얻으면 모든 지체가 함께 즐거워하는 것, 그런 한 몸으로서의 공동체가 세워져 가고 있었던 것이다(고전 12:18-27). 그리스도의 사랑 때문에 한 형제를 위하여 자신의 모든 권리와 생명마저도 내려놓고 그 편에 서 줄 수 있는 것이야말로 행동하는 사랑이다. 이 사건은 지금의 우리 공동체가 뿌리를 내릴 수 있었던 중요한 터닝 포인트였다.

다행히 김 목사님은 무사히 풀려나게 되었다. 그리고 우리 공동체는 더 성장했다. 나는 리더로서 무엇보다 형제자매들이 넘어지지 않고 함께 섰다는 것이 기적처럼 여겨졌다. 그때 함께 서지 않았더라면 우리는 이곳에 없었을 것이다. 어쩌면 사람들은 또 말했을지 모른다. 그리스도인들이 또 깨졌더라고, 또 나뉘었다고 말이다. 그러나 사랑하는 식구의 죽음을 경험하고 또 생사의 위험한 고비들을 넘기며 어느새 젊은 청년들 가운데 자기를 버려서라도 한 사람을 살리고자 하는 마음이 자리하게 된 것을 보았다. 그리고 이제는 어려움이 있을지라도 꿋꿋이 함께 걸어가며 멍에를 같이 메는 자로서 서 있다.

이곳에서의 복음은 성경공부를 함께하거나 전도지를 나눠 주는 것이 아니다. 그리스도 예수의 정신과 신앙공동체의 아름다움을 보여 주는 것이다. 말씀으로 살아가는 것으로 말이다. 하나님은 우리를 정금처럼 연단하셨다. 우리는 앞으로도 끊임없이 함께 서는 것을 훈련하고 경험하며 살아갈 것이다.

북한에 있으면서 숱한 위기와 어려움의 순간을 경험했다. 그러나 높은 벽을 뛰어넘는 방법은 꼭 담을 부수는 것만이 아니다. 연약한 담쟁이 잎이 서로 이어지고 이어져 그 담장을 훌쩍 넘어갈 수도 있다. 아픔과 고통의 큰 벽 앞에 우리는 혼자가 아니다. 함께 그 벽을 넘어가고 있다.

Part 3.

아픔의 땅,
화목의 통로가 되다

놀라운 화해의 여정이 시작되었다

우리는 북한의 이곳저곳을 경험해 보고 싶었지만 그럴 수가 없었다. 사는 곳을 벗어나 다른 지역에 가려면 중앙정부의 허락을 받아야 했다. 그러나 우리는 이 나라에 대해 더 많은 것을 배우고 싶었고, 하고 있는 사업에 대한 새로운 조망을 얻고자 하는 갈망이 있었다. 그런데 마침 김베드로 목사님이 당시 평양과 나선을 오가고 있었다. 그분을 통해 감사하게도 평양을 방문할 기회가 생겼다.

2009년, 아내와 아이들은 물론 공동체 식구들과 함께 처음으로 북한의 수도 평양에 가 보았다. 중국 심양에서 고려항공을 타고 갔는데, 같은 북한 땅이라고 해도 외국인은 평양에 가려면 통행증이 있어야 해서 차라리 중국으로 나왔다가 다시 평양으로 들어가는 편이 더 수월했다. 평양에 도착해 보니 완전히 다른 세계에 들어온 느낌이었다. 나선과는 확연히 차이가 났다. 9월의 평양은 아리랑 축제로 한창이었다. 이 아리랑 축제를 통해 북한은 해마다 전 세계에서 오는 관람객들에게 화려한 매스게임을 선보이고 있었다. 나는 나선에서는 미처 몰랐던 북한의 모습을 이곳에서 경험했다. 일부분을 아는 것으로 전체를 다 아는 것처럼 이야기하는 것을 조심해야겠다는 생각을 했다. 북한은 나선과 같은 산골 마을도 있고 평양과 같은 화려함도 있는, 다양성을 가진 곳이었다.

여행 기간 중 우리를 담당했던 한 여성 지도원이 우리 가족에게 특별한 관심을 보였다. 나선에서 했던 치료에 대한 소문이 평양까지 알려져 있었던 것이다. 그분을 만났을 때 나는 뭔가 남다른 마음이 들었다. 그녀는 중년에게서 풍기는 정중하면서도 중후한 기품이 느껴졌고, 어머니 같은 따뜻함도 있었다. 그녀는 동행하면서 나에게 이것저것을 물어보았다. 나선에서 무슨 일을 하는지, 어떤 생각을 갖고 일하는지, 북한에는 왜 왔는지, 목표는 무엇인지 등을 물었다. 다소 민감한 질문들이었지만 나는 모든 것에 대해 솔직하게 대답했다. 나는 기독교인으로서 세상에 나가 그리스도의 사랑을 나누라는 가르침에 따라 이곳에 왔고, 미국인인 아내가 나보다 더 북한 땅을 사랑했기에 나 역시 빚진 마음으로 오게 되었다고 말했다. 그 이야기를 듣더니 그녀는 이 모든 내용을 적어 달라고 했다. 나는 자필로 신앙 간증문을 썼다. 나의 부르심과 예수님을 영접한 것, 교회에서 보낸 것까지 숨김없이 기록했다. 이곳에서 배운 것이 있다면 하나라도 거짓이 있으면 안 된다는 것이다. 그랬다간 나중에 여러 사람이 다칠 수 있기 때문이다.

일주일의 관광을 마치고 떠나는 날이었다. 그녀는 나에게 혹시 평양에 와서 일해 보지 않겠느냐고 했다. 내가 나선에서 하고 있는 일을 조사해 본 것이다. 그러면서 평양에 다시 올 수 있도록 정부에 요청하는 편지를 쓰라고 했다. 어떤 내용으로 써야 하는지도 알려 주었다. 그런데 얼마 후 정말로 평양에서 연락이 왔다. 이번에는 혼자 오라는 거였다. 도착하니 그 여성 지도원과 관계자들이 나와 있었다. 그들은 나를 즉시 평양의 한 병원으로 데리고 갔다. 거기에는 열다섯 명 정도의 북한 의사들이 나를 기다리고 있었다.

그들은 평양에서의 내 일정을 설명해 주었다. 하루에 8시간씩 그것도 8일간에 걸쳐 의학적 검증을 받아야 하는 것이었다. 평양에 오라고 하더니 갑작스럽게 이게 무슨 일인가 싶었다. 모든 일이 아무런 예고도 없이 이루어졌다. 나는 그저 얼떨떨하기만 했다. 매일 기초과학과 의학 지식, 병리학 및 임상에 관한 테스트를 받았다. 마치 구두시험을 보는 것처럼 질문들이 쏟아졌고 나는 그것에 답해야 했다. 오후에는 치료가 필요한 환자들이 업혀서 들어왔는데, 알고 보니 상당수가

사랑으로 길을 내다

환자로 위장한 북한 의사들이었다. 그들의 방식대로 나를 검증해 보려는 것이었다.

강도 높은 테스트가 끝났다. 그들은 고가의 장비를 필요로 하지 않는 내 전문 분야를 상당히 높이 평가해 주었다. 그러면서 이 분야가 북한 의료 시스템의 큰 자산이 될 거라고 본다며 평양에서 의료센터를 시작해 의사들을 양성해 줄 것을 요청했다. 하지만 나는 선뜻 대답하기 어려웠다. 분명 좋은 기회였다. 그렇지만 이전에도 많은 외국인이 병원을 개원했다가 결국 여러 문제가 생겨 시설을 넘기도록 강요받은 걸 알고 있었기 때문이다. 그런 일이 나에게도 일어나지 않으리란 보장이 어디 있는가.

나는 만약 나에게 이 일이 주어진다면 오래 할 수 있도록 정부로부터 공식 허가를 받고 싶다고 말했다. 그랬더니 그들은 내게 북한 의학박사 학위를 취득하는 방법을 제안했다. 북한 학위가 있으면 지속적으로 일할 수 있을 뿐 아니라 북한에서 어떤 의료 사업이든 할 수 있는 자격이 주어진다고 했다. 명예학위는 나이가 젊어서 자격이 안 되며 스스로 여기에서 취득해야만 한다고 했다. 다만 논문에 필요한 연구를 진행할 수 있도록 연구팀을 배정해 줄 수 있고 시험 과정을 통과하면 박사학위를 수여하겠다고 했다. 사회주의 국가라 학비는 무료였다.

북한은 다른 나라처럼 대학에서 박사학위를 수여하지 않

는다. 소수의 사람만 박사학위를 받을 수 있고, 학위 수여는 정부에서 직접 한다. 나는 외국인이라서 박사학위를 받고자 한다면 국가적 승인을 거쳐야 했다. 더군다나 지금껏 외국인 중에서 역사나 철학 분야에서 학위를 취득한 사람은 더러 있지만 의학 분야에서 북한 학위를 취득한 사람은 아무도 없었다. 북한에서 받는 학위라니, 뜻밖의 제안이었다. 하나님께서 나에게 의학 공부를 하게 하신 뜻을 이곳에서 펼칠 수 있는 기회였다. 그 여성 지도원은 내가 하겠다고만 한다면 도움을 주겠다고 했다. 그리고 일을 잘 해내어 나 같은 사람이 나쁜 사람이 아니라는 것을 이곳 사람들에게 보여 주었으면 좋겠다고 했다. 그것이 바로 내가 해야 할 일이라는 것이었다. 듣고 보니 너무도 의미심장한 말이었다.

그날 밤 숙소에서 기도하는데 하나님께서 사도행전의 말씀을 기억나게 하셨다. "밤에 주께서 환상 가운데 바울에게 말씀하시되… 이는 이 성중에 내 백성이 많음이라 하시더라"(행 18:9-10). 혹시 그 여성 지도원이 나를 위해 보내신 특별한 사람이 아닐까 하는 생각이 들었다. 그때부터 나는 그녀를 따랐고, 그녀도 나를 친아들처럼 대해 주었다. 나는 그녀를 만날 때마다 크나큰 감동과 위로를 받았다. 어머니를 잃고 난 뒤 느껴보지 못했던 그리운 어머니 품속 같은 손길이었다. 나는 지금까지도 그녀를 어머니라 부르며 인연을 이어 가고 있다.

그 뒤로 나는 나진과 평양을 오가며 현지 병원 연구팀과 함께 치열하게 논문을 준비했다. 그리고 2011년 4월 마침내 북한에서 의학박사 학위를 취득한 최초의 외국인이 되었다. 나는 그저 북한을 돕겠다고 들어왔는데 하나님은 이곳에서 나를 세워 주셨다. 넘치는 은혜였다.

나는 학위 수여식에 아내가 참석할 수 있도록 북한 측에 요청했다. 결코 쉬운 결정이 아니라는 것을 잘 알고 있었다. 수여식은 만수대의사당(한국의 국회의사당에 해당하는 곳)에서 개최됐는데, 한국인의 피가 전혀 섞이지 않은 미국인이 이곳에 입장하는 건 이전에는 없던 일이라고 했다. 이례적으로 허락을 받은 것이다.

우리가 평양공항에 도착했을 때 카메라가 대기하고 있었다. 가는 곳마다 영상과 사진을 찍는 사람들이 따라다녔다. 북한 기자들의 질문이 쏟아졌고 장시간 인터뷰를 해야 했다. 하루아침에 유명인사가 된 것 같았다. 북한 측에서는 내가 학위를 받는 모습을 저녁 뉴스에 내보내고 싶다고 했다. 나는 이 일이 한국에 어떻게 비칠지 몰라 박종순 목사님에게 연락을 했다. 혹시 한국에 있는 동생에게 문제가 되지는 않을까 걱정도 되었다. 목사님은 이런 일 하라고 우리를 보낸 것이니 걱정 말라고 나를 격려했다. 그러고는 한국 관련 기관에 직접 가서 나에 대해 설명하며 신원보증을 해주었다. 그날 내 소식은 중앙방송과 노동신문에 대서특필 되면서 북한 전역에 알려졌다.

　모든 것이 꿈만 같았다. 하나님은 전혀 예상치 못한 방법으로 북한에서 나를 세우셨고 새로운 기회를 열고 계셨다. 무엇보다 아내가 미국인으로서 처음으로 만수대의사당에 초대받은 것은 북한 내에서도 이례적인 결정으로 회자되었다. 특별히 북한을 두고 어린 시절부터 기도해 온 아내에게는 더욱 남다른 의미가 있었다. 아내는 그날의 초대에 대해 하나님께서 자신을 화목의 도구로 부르셨음을 깨달았다고 고백했다. 그리고 북한과 미국이 서로 용서하지 못하는 마음의 벽이 있는 지금, 한 사람의 미국인으로서 회개해야 한다는 마음을 부어 주셨다고 했다. 아내는 수여식이 끝난 후 북한 관계자에게 이런 마음을 전했다.

　"정부 입장에서 매우 어려운 결정을 해준 것에 대해 감사합니다. 저는 한국에서 자라면서 한국 사람들을 사랑하기 시작했고, 이 사랑은 또한 북한 사람들을 향한 사랑으로 커져 갔습니다. 저는 북한의 유치원을 방문했을 때 그곳에 그려져 있는 전쟁 그림을 보면서 애통한 마음으로 울었습니다. 저는 그저 평범한 시민에 불과합니다. 특별할 것이 전혀 없는 사람입니다. 그러나 전쟁 기간에 서로가 서로에게 했던 일에 대해서 먼저 용서를 구하며 죄송한 마음을 전합니다. 나의 소원은 언젠가는 북한과 미국이 서로 화해하는 것입니다."

　이 말을 들은 북한 관계자는 아내의 손을 꼭 잡고 고맙다

　　　　　　　　　사랑으로 길을 내다

며 눈물을 흘렸다. 우리는 이날 70년 전의 과거를 거슬러 놀라운 화해의 여정이 시작되었다는 것에 감사했다.

학위를 받은 후 우리 가족은 본격적으로 평양에서의 삶을 시작하게 되었다. 나는 다음 해인 2012년 김일성종합대학 평양의학대학 재활의학과(회복기과) 교수로 부임했고, 병원에서 의사들을 가르치며 합법적으로 환자들을 치료할 수 있게 되었다. 나선에서 하던 사역은 공동체 식구들이 계속해서 이어 갔다. 하나님은 공개적으로 북한 전역에 나를 알리면서 이곳에서 놀라운 일들을 시작하셨다.

복신이가 주고 간 선물

복신이를 처음 만난 건 나선에서였다. 난로도 소용없는 추운 진료실에 할머니가 아이를 등에 업고 찾아왔다. 손녀가 많이 아프다면서 내 앞에 포대기를 풀어놓았다. 다섯 살짜리 조그마한 여자아이는 뇌성마비였다. 손가락 하나 움직일 수 없는 중증의 경직성 사지마비를 겪고 있었다. 입이 다 열려 있었고 머리는 한쪽으로 돌아가 있었다. 음식을 씹어 삼킬 수도 없어 그동안 할머니가 대신 씹어 입에 넣어 준 모양이었다.

나는 찬찬히 복신이를 살폈다. 주님이 이 아이를 사랑하고 계시다는 것이 느껴졌다. 그리고 자꾸만 내 딸 같은 마음이 들었다. 그 당시 나의 막내딸도 네 살쯤 되었던지라 복신이에게 더욱 마음이 쓰였다. 이 아픈 몸을 가지고 태어나 얼마나 고생이 많았을까. '딸아, 딸아…' 복신이의 몸을 살펴보면서 나는 그저 이 말만을 되뇌었다.

뇌성마비 아이 치료는 복신이가 처음이었다. 전공이 척추 신경학이었기 때문에 이곳에서는 주로 허리나 척추 관절 치료를 필요로 하는 노인들이나 부상을 당한 환자들을 살폈었다. 소문이 점차 퍼지면서 곳곳에서 중증환자들이 찾아오던 상황이었지만 아동을, 그것도 중증 뇌성마비를 치료한 적은 없었다.

그래서 나는 이 아이에 대해 특별한 마음이 들었다. 할 수 있는 최선을 다해 열심히 치료에 임했다. 그렇게 몇 주를 치료하니 벌써 근육 긴장감에서 변화를 보이기 시작했다. 손가락을 움직이고 주먹을 꼭 쥘 수 있게 되었다. 표정도 처음 왔을 때보다 훨씬 편안해졌다. 이런 변화를 지켜보면서 나는 더욱 고무되었다. 어떻게든 더 잘해 보고 싶은 마음에 밤새 공부를 하면서 치료했고, 부족한 것은 한국에 들어가 전문가들을 찾아다니며 배워 오기도 했다. 나는 복신이가 잘 해내고 있는 것이 기특하고 감사했다.

그런데 몇 달 뒤 내가 평양의학대학 교수로 부임하게 되어 평양으로 가게 되었다. 이사하면서 한 가지 마음에 걸리는 것은 복신이를 두고 가는 것이었다. 누가 나 대신 이 아이를 돌봐줄 수 있을까 걱정이 되었다.

나는 평양에 오자마자 평양의학대학병원 원장에게 복신이

를 데려와 진료할 수 있도록 침상 하나를 마련해 달라고 부탁
했다. 내 이야기에 원장은 조선에는 뇌성마비 아이들이 없는
데 어떻게 치료하게 되었느냐고 물었다. 사람이 태어나는 곳
에 어찌 뇌성마비로 고통당하는 아이들이 없을 수가 있는가.
그러나 나는 그와 말싸움을 하고 싶지 않았다. 나선에서부터
치료해 주던 아이라고, 그러니 여기서 꼭 치료할 수 있게 선
처해 달라고 다시 한번 간곡히 요청했다.

원장은 고맙게도 복신이를 위해 방을 하나 내주었다. 여덟
명이 있는 입원실에 머물게 했고, 아동 병동에 두 평 남짓한
방에서 치료할 수 있도록 해주었다. 환경은 열악했지만 복신
이를 계속 치료할 수 있게 됐다는 것만으로도 한시름 놓았다.
나는 곧바로 복신이를 평양으로 데려와 치료를 재개했다.

그런데 얼마 후 복신이의 할머니가 나를 찾아왔다. 그러더
니 복신이를 데리고 집에 가서 잠시 쉬다 오겠다고 말했다.
나는 갑자기 왜 그러는지 이유를 물었다. 할머니는 대답을 못
하고 계속 머뭇거리더니 그저 오랜 병실 생활이 힘들어서 그
런 거라고만 했다. 알고 보니 문제는 입원실에서 벌어졌다.
복신이는 일반 환자 여덟 명과 함께 입원실을 사용하고 있었
다. 그런데 좁은 병실에서 할머니가 복신이의 대소변을 받아
내고 음식을 씹어 아이에게 먹이는 모습이 주변 환자들을 불
편하게 했던 모양이었다. 하지만 복신이만을 위한 병실은 따
로 구할 수가 없는 상황이었다. 주위 다른 환자들과 함께 생

활하려니 쉽지 않았을 테고, 곱지 않은 시선도 받았을 것이다. 거기다 치료해야 할 아이들이 줄 서 있는데, 복신이는 6개월이나 장기 치료로 입원하고 있으니 의료진의 눈치도 받았을 것이다. 낫지도 못할 아이 하나 때문에 입원해야 할 다른 아이들이 혜택을 못 받는다는 말을 오가며 들었던 것이다. 할머니는 이런 상황에서 상처를 많이 받았던 모양이었다.

나는 할머니를 만류해 보았지만 결국 치료를 포기하고 복신이를 데리고 집으로 돌아갔다. 병원을 떠나는 날 할머니는 나에게 간곡히 부탁했다.

"선생님, 우리 복신이처럼 아픈 애들이 마음 놓고 지낼 수 있는 병실을 만들어 주세요."

할머니의 그 소원은 내게도 역시 간절한 소원이었다. 하지만 나는 그때 할머니에게 아무런 약속도 할 수 없었다. 나는 그저 조금만 쉬었다가 가능한 빨리 다시 오라고, 그러면 지금보다는 조금 더 나은 병실을 준비해 보겠다는 말밖에는 할 수가 없었다.

그런데 복신이가 집으로 돌아간 뒤 뜻밖의 상황이 벌어졌다. 북한에서는 뇌성마비를 불치병으로 여겨 왔기 때문에 복신이 같은 아이들은 치료받을 기회조차 주어지지 않았다. 복신이는 소아장애 증상 가운데 평양의학대학병원이 받아들여 준 첫 사례였다. 그런데 그동안 복신이가 치료받는 것을 지켜본 병원에 있던 사람들이 주변 사람들에게 그 소식을 알렸던 것이다. '뇌성마비 아이가 병원에서 치료를 받고 있다, 놀랍게도 차도가 있다, 너희 자녀도 이 병원에 데려오면 치료할 수 있다'고 말이다.

그 뒤 내 치료실 앞에는 뇌성마비 아이들과 그 부모들이 전국 각지에서 몰려들기 시작했다. 조선에는 뇌성마비가 없다고 했던 원장의 말이 무색해질 지경이었다. 급기야 원장은 나를 불러 함께 대책을 마련해 보자고 했다. 당시 우리는 평양의학대학과 함께 척추관절 비수술 환자를 치료하려고 척추재활센터를 세우기로 논의하던 중이었다. 그런데 이 일을 계기로 복신이와 같은 뇌성마비 어린이들을 위한 소아행동발달장애 전문 병원을 같이 세우기로 했다. 센터의 입원실 구조를 변경해 복신이와 같은 중증 뇌성마비 아동들이 장기적으로 사용할 수 있는 병실을 추가하기로 했다. 나는 언젠가는 복신이를 이곳으로 데려와 다시 치료할 수 있는 날이 오기만을 기다리고 있었다.

복신이가 집으로 간지 1년쯤 지났을 때였다. 그사이 여러 아이들이 병원을 스스로 걸어 나갔고, 증상이 호전되는 놀라운 일들이 이어졌다. 나는 지금이야말로 복신이가 돌아와 치료를 재개해야 할 때라고 생각했다. 그래서 나선에 있는 우리 공동체 식구에게 부탁해 복신이를 평양으로 보내 달라는 뜻을 부모님에게 전해 달라고 했다.

며칠 후 나선에서 연락이 왔다. 복신이 아버지를 만났다고

사랑으로 길을 내다

했다. 평양 병원에서 지금 복신이와 같은 아이들이 걸어서 나가고 있으니 얼른 복신이를 데리고 병원으로 가보라 전했다고 했다. 그러자 복신이 아버지는 이내 눈물을 글썽이며 이렇게 말했다고 한다.

"어떻게 해요. 복신이는 이제 이 세상에 없어요. 그렇게 됐습니다. 선생들, 우리 복신이 그동안 잘 돌봐 줘서 정말 고맙습니다."

그 말을 전해 들었을 때 나는 너무도 황망해 아무런 말도 할 수 없었다. 전화를 끊고 나서 나는 한참을 소리 내어 통곡했다. 내 딸 같은 아이였다. 언젠가 만날 수 있기를 그토록 바라고 기다렸다. 그렇게 복신이를 보낸 것이 마지막이 될 줄은 꿈에도 몰랐다. 그 아이 때문에 지금 북한에 생각지도 못했던 놀라운 일이 일어나기 시작했는데, 정작 복신이는 이 세상에 없다는 것이 가슴이 찢어질 듯 아팠다. 그렇게 보낸 것이 두고두고 마음에 남았다. 더 붙잡지 못한 것이 너무도 후회가 되었다.

나는 그날 이후로 복신이와 같은 아이들을 위해 일하기로 마음먹었다. 나는 복신이를 생각하면 늘 빚진 마음이 있다. 더 잘해야 한다고 다짐했다. 더 잘해서 복신이 같은 아이들이 이 땅에서 더 오래 살고 장애 아이를 키우는 부모들이 지치지 않고 격려받기를 바랐다.

나는 언젠가 복신이가 낫게 될 날이 올 것으로 생각했다.

복신이에게 그 선물을 주고 싶었다. 그런데 오히려 그 아이가 우리에게 큰 선물을 주고 갔다. 천국에서 제일 반가워할 그 일, 바로 어린이를 섬길 수 있는 길을 마련해 준 것이다. 그것도 세상에서 가장 약한 아이들을 섬길 수 있는 특권을 말이다. 뇌성마비 아이들의 치료센터와 전문의 교육과정은 마침내 국가 승인을 받았다. 복신이 덕분에 수많은 아이에게 새로운 삶의 희망과 기회가 찾아오게 된 것이다.

장애 아이들은 짐만 되는 것이 아니다. 우리에게 이웃을 돌아보게 하는 마음도 주며, 우리 안에 있는 본질적인 선한 마음을 나눌 수 있게 한다. 누구든 생명을 가진 존재라면 우리는 마땅히 그들과 함께해야 한다. 나는 나중에 천국에서 복신이를 만나면 떳떳하게 우리의 경주를 잘 마쳤다고 말할 수 있게 되기를 원한다. 이웃을 사랑하고, 약하고 소외된 자를 사랑하라는 말씀을 따르기 위해 정말 최선의 노력을 다했다고 말이다.

사랑으로 길을 내다

더는 불가능한 꿈이 아니다

　평양 인근의 한 농촌에서 살고 있는 우인이는 선천성 뇌성마비를 앓고 있다. 사지마비 증상을 갖고 있어서 혼자서는 일어나 앉지도 못해 주로 집에 누워만 있었다.

　우인이가 혼자 있는 모습이 안쓰러웠던 학교 선생님은 매일 아침 우인이를 업고 학교에 갔다. 우인이에게도 똑같이 배움의 기회를 주고 싶어서였다. 장애 아동을 위한 특수의자가 없어 선생님은 우인이가 넘어지지 않도록 끈으로 의자에 묶어 공부를 가르쳤다. 점심시간엔 밥도 먹이고 수업이 끝나면 집에까지 데려다주면서 2년을 정성껏 살펴 주었다고 한다.

　선생님은 이런 사랑에 조금 더 용기를 내 우인이를 데리고 병원을 찾아왔다. 소문이 맞다면 이 아이에게도 희망을 주고 싶었다고 했다. 내가 우인이를 만났을 때, 아이는 관절이 조금 움직이지만 팔과 다리가 각각 따로 움직이는 상태였다. 우인이와 나는 서로 눈을 마주보며 할 수 있는 최선을 다해 노력해 보기로 다짐했다.

어느 날부턴가 죽기 살기로 치료에 매달리는 내 모습을 발견했다. 결국은 이 아이들의 아픔이 내 아픔이 되어야 하는 것이기 때문이었다. 책에는 이 질병에 대해서 뇌성마비라는 단어 하나로 설명하지만 실제로 내가 만난 아이들에게서 나타나는 증상은 각양각색이었다. 또한 개인적인 성향과 환경도 저마다 다르기 때문에 왜 이런 행동이 유발되는지, 그리고 그것을 어떻게 도와주어야 하는지를 찾아내는 것은 무척이나 창의적인 접근이 필요했다. 그랬기 때문에 나는 자나 깨나 온통 아이들 생각뿐이었다. 누군가의 사랑과 희망을 입고 온 아이들을 위해 나 역시 하나님의 만지심을 구하며 어떤 것이라도 더 하고 싶었다.

재활 치료는 열 살 우인이에게는 쉽지 않은 과정이었다. 생각대로 움직여 주지 않는 팔과 다리 때문에 아이는 속상해서 여러 번 눈물을 터뜨리기도 했다. 하지만 우인이의 꿈은 언젠가 다른 아이들처럼 씩씩하게 걸어서 교실로 들어가는 것이다. 이 소박한 꿈을 이루기 위해 그 힘든 재활 치료를 잘 참고 견뎌 냈다. 굳어 버린 인대를 늘리는 수술도 두 차례나 받았다.

그렇게 1년의 시간이 지났다. 우인이는 기적처럼 걸어서 퇴원을 했다. 처음 왔을 때만 해도 걷지도 못하던 아이가 치료를 받은 지 1년 만에 스스로 걸어서 병원을 나서게 된 것이다. 우인이 이야기는 북한에서 큰 화제가 되었다. 방송국에서까지 우인이를 취재하러 나왔고, 치료와 회복의 성공 사례를 다큐멘터리로 만들어 북한 전역에 방영했다. 그동안 숨기고 인정하지 않았던 장애 아동들을 서슴없이 방송까지 하는 것을 보면서 나는 북한 내에서의 변화를 읽을 수 있었다. 가능성과 희망을 본 평양의학대학에서도 뇌성마비 아동들을 치료하는 일에 본격적으로 나서기 시작했다.

우인이는 모두의 축하를 받으며 밝은 모습으로 퇴원했다. 나는 떠나는 우인이에게 물어보았다. 1년전 그 아이가 내게 했던 말이 생각나서였다. 처음 병원에 왔을 때 우인이는 동무들과 걸어서 학교에 가고 싶다고 했다. 그 소원이 이루어진 지금, 우인이의 새로운 꿈은 무엇인지 궁금해졌다. 그랬더니 아이는 내 눈을 쳐다보며 또박또박 말했다.

"저의 꿈은 선생님 같은 의사가 되어서 저와 같은 아이를 고쳐 주는 거예요."

생각지도 못한 말에 나는 그만 울컥하고 말았다. 지켜보던 사람들도 우인이의 말에 다 같이 눈물을 흘렸다. 나는 자꾸만 가슴이 벅차올랐다. 아이들이 하고 싶은 것이 생겼다는 것이 너무도 기뻤다. 앞으로 내가 해야 할 일에 대해 이 아이가 위로와 격려를 건네고 있는 것만 같았다.

우인이는 학교로 돌아갔다. 이제 선생님 등에 업히지 않고 친구들과 함께 발맞추어 등교한다. 나는 그 아이를 업고서라도 학교에 데려가 준 선생님이 정말로 고맙다. 또한 그 아이를 포기하지 않고 병원까지 와준 그 사랑과 용기가 고맙다. 그런 선생님이 이 땅에 계신 것이 가슴 뭉클했다. 나는 우인이와 같은 아이들에게 혼자가 아닌 함께하는 누군가가 있다는 것을 알려 주고 싶다. 그리고 혼자 지기 어려운 짐은 함께 나눠 지면 가벼워진다는 것도 알려 주고 싶다. 2년 동안이나 등을 빌려주었던 선생님이 있는 것처럼 말이다.

한번은 함경도에서 온 일송이라는 아이가 내 진료실 문을 두드렸다. 말도 잘 못 하고 제대로 걷지도 못했지만 장난기 가득한 눈으로 우리에게 첫인사를 했던 아이였다. 4년째 치료를 받고 있는 일송이는 뇌성마비 치료와 함께 나의 아내에게서 영어를 배우고 있다. 언어에 재능이 있는지 실력이 쑥쑥 늘었다. 천재적인 머리에 절대음감도 갖고 있어서 노래를 한번 들으면 곧바로 계명을 찾아 냈다.

어느 날 진료실 문을 열고 머리만 빼꼼히 내민 아이의 얼굴에 저절로 웃음이 나왔다. 일송이는 나를 보더니 다짜고짜 자신의 꿈이 무엇인지 물어봐 달라고 했다. 꿈이 무엇인지 묻자 그 조그만 아이는 진료실이 쩌렁쩌렁 울리도록 대답했다.

"제 꿈은 외교관입니다. 저는 외교관이 되겠습니다!"

사랑으로 길을 내다

자신감 넘치는 표정으로 대답하는 일송이의 모습이 얼마나 사랑스러웠는지 모른다.

나는 우인이와 일송이에게 새로운 꿈이 생겼다는 것이 너무도 기뻤다. 나는 이 아이들의 꿈을 응원한다. 아이들이 새로운 미래를 마주할 수 있도록 손잡아 주고 싶다. 불가능해 보이던 꿈이 함께함으로 이루어졌고, 이제는 더 큰 꿈을 꿀 수 있게 되었다.

훗날 의사가 되어 자신과 같은 아픔을 가진 아이들을 치료해 주고 있는 우인이를 상상해 본다. 우인이는 아픈 누군가에게 아낌없이 자신의 등을 내어 줄 것이다. 자신의 선생님이 그랬던 것처럼 말이다. 나는 일송이가 외교관이 되어 전 세계를 누비는 모습을 그려 본다. 언젠가는 자신처럼 꿈을 이룰 수 있도록 또 다른 아이들을 도와주고 있을 일송이를, 그 아름다운 기적을 말이다.

생명을 살리는 일에 적당한 때가 어디 있는가

7-80년대 한국만 해도 장애를 가진 아이들이 태어나면 많은 이들이 집안에 감추곤 했다. 북한에서도 그런 사회적 분위기라는 것을 복신이를 치료하면서 알게 되었다. 그러다 보니 뇌성마비 같은 행동발달장애를 가지고 태어난 아이들에게는 치료는 고사하고 제대로 진단조차 받을 기회가 없었다. 심지어 아이들에게 이런 증상이 보이면 의사들조차 '성한 사람도 살기 힘든데 괜히 아이 고생시키지 말고 빨리 가게 해 주라'고 말했다. 북한에서는 병원을 찾아오는 이 아이들을 집으로 돌려보냈다. 집으로 간 아이들은 점점 심해지는 증상을 홀로 감당하며 집안에서만 살아가야 했다. 어떻게 보면 달리 손쓸 방법이 없어 그랬을 것이다. 치료가 오래 걸리고, 설사 치

료를 한다 하더라도 그리 큰 호전을 기대하기 힘들었기 때문이다.

물론 아무리 치료를 해도 아이는 평생 그렇게 살아가야 할 수도 있다. 하지만 할 수 있는 한 우리는 모든 것을 해야만 한다. 나는 복신이를 하늘나라로 보내면서 다짐했다. 또한 우인이의 꿈을 들으며 힘을 내기로 했다. 뇌성마비 아이들에게도 적절한 시기에 진단과 그에 따른 치료를 제공할 수 있다면 독립적인 생활을 할 수 있는 것은 물론 상당수의 아이들이 사회에 참여할 수도 있게 될 것이다.

우인이처럼 스스로 병원을 걸어 나간 성공 사례들도 있지만 안타깝게도 여러 사정과 한계 때문에 치료를 중단하거나 큰 성과 없이 돌아간 아이들도 많았다. 많은 아이가 희망을 걸고 찾아왔지만 또한 많은 아이가 돌아갈 수밖에 없었다. 그렇게 순서를 기다리다가 집으로 돌아간 아이들이 나는 자꾸만 눈에 밟혔다. 그 아이들이 어떻게 되었는지 일일이 확인할 수는 없지만 가끔씩 들려오는 소식 중에는 세상을 떠난 아이들의 이야기도 종종 있었다. 그런 소식을 접할 때마다 나는 마음이 아파 한참을 힘들어 했다. 그러나 여전히 눈앞의 상황은 매일 두 평 남짓한 좁은 치료실에서 별것 없는 소도구만을 가지고 아이들과 씨름하며 여러 치료를 진행해야 했다. 마음 놓고 치료받을 병실이 없어서 안타깝게 치료를 포기하는 일이 더는 없기를 바라며 제대로 된 병원을 세워 보겠노라 결심했다. 그렇게 해서 세워진 병원이 척추재활센터다. 공식 명칭은 평양의학대학 척추 및 소아행동발달장애 치료연구소이다. 그동안 북한에서 내가 했던 치료는 척추 관련 분야였기 때문에 처음에는 척추 관련 환자들을 위한 병원을 짓기로 했지만 이 아이들을 만나면서 뇌성마비와 자폐증을 포함한 행동발달장애 어린이들을 위한 전문병원을 함께 세우게 된 것이다. 평양의학대학과 나는 이제 척추환자와 소아행동발달장애 어린이들의 치료를 함께하게 되었다.

척추재활센터는 지하 1층, 지상 5층 규모로 하루 외래환자 약 450명, 아동 입원 환자 40여 명과 그 보호자를 수용할 수 있는 북한 최대 규모의 소아재활전문병동병원이다. 힘든 병원 생활을 해온 아이들과 보호자들을 생각해서 입원 생활을 편하게 할 수 있는 시설을 갖추려다 보니 처음 계획했던 2억 원 규모의 공사가 약 40억 원에 가까운 사역으로 확장되었다. 2013년 여름에 공사를 시작해 장장 7년간에 걸쳐 세워졌다. 생각할수록 모든 것이 기적과 같았다. 한순간도 은혜가 아닌 때가 없었다.

병원을 지을 때 재정 말고는 힘든 일이 없어야 하는데 우리는 여러 가지 현실적인 어려움에 부딪혔다. 그중 하나는 대북제재다. 북한 사역을 하다 보면 많은 정치적 기류 변화에 민감할 수밖에 없다. 2016년에는 미국 오바마 행정부에서 북한을 돈세탁 국가로 지정했는데, 그때문에 북한에서 사용되는 재정이 테러리스트 국가를 지원하는 것이 아님을 증명해야 했다. 말하자면 병원이 순수한 인도주의적 목적으로 건축되고 있다는 사실을 미국에 승인받아야 했던 것이다. 나는 이 일 때문에 워싱턴에 가서 국무성, 재무성, 상무성 등을 다니며 관계자들을 만나야 했다. 전혀 알지도 못하는 그들에게 병원 건축에 관해 일일이 설명하고 사업을 계속할 길을 찾아야 했다. 의료장비를 도입할 때도 유엔부터 미국의 각 관계부처의 승인까지 모두 받아야 하는 작업을 매번 거쳐야 했다.

아이들을 치료하면서 병원 공사만으로도 24시간이 모자란데 미국 정부까지 상대해야 할 때는 정말로 암담했다. 하지만 그때마다 아이들의 얼굴을 떠올리며 발에 땀이 나도록 뛰어다녔다. 아이들의 생명과 삶을 지킬 수만 있다면 기꺼이 어려움을 감당하겠다고 생각했다. 그 무렵 하나님 앞에 다짐한 것이 있다. 내가 그리스도의 편지가 되어 이 아이들에게 보내시는 주님의 마음을 전하겠다는 것이었다. 주님이야말로 이 아이들을 결코 포기하지 않으실 테니 말이다.

내가 정말로 힘들었던 이유는 다른 데 있었다. 당시 북한을 둘러싼 국제 정세가 경직되면서 아직 때가 아닌 것 같다는 이유로 이 병원을 세우는 일에 반대하는 사람들이 있었던 것이다. 흔쾌히 나서던 분들도 정치적 상황이 좋아지면 하자면서 사업을 미루려 했다. 다 맞는 이야기였다. 이해도 되었다. 그러나 나는 묻고 싶었다. 그렇다면 과연 적당한 때는 언제란 말인가? 더 많은 아이들이 목숨을 잃은 뒤여야만 하는 걸까? 현장에 있던 나로서는 아이들이 새 삶을 살아갈 기회를 잃은 채 죽어 가는 것을 보고만 있을 순 없었다. 생명을 살리는 일에 적당한 때란 없다.

어느 날부턴가 나에게 이 아이들을 위한 일들이 애착을 넘어 집착이 되었다. 그럴 수밖에 없었다. 내 눈앞에 아이들이 삶과 죽음의 기로에 놓여 있었기 때문이다. 얼마만큼 그들의 아픔에 동참할 수 있는가에 따라서 아이들의 생사가, 또한 그 부모가 가진 희망과 절망이 엇갈렸다. 그 무렵 한 아이가 다시 생명을 얻을 수 있었을지 모른다. 그런데 국가 정세나 정치적 견해가 맞지 않아 기다려야 한다는 현실에 나는 마음이 너무 아팠다.

그 아이들이 이곳에서 태어난 것은 본인의 선택이 아니지 않은가. 그런데 죽는 것마저 너무 불공평해 보였던 나는 하나님께 '왜?'라고 질문하기 시작했다. 그것은 주님 앞에서의 싸움이었다. 북한의 상황에 대해서 속상하기도 했고, 또 어떤 날은 외국의 정치적 긴장에도 화가 났다. 그러나 정말 화가 난 것은 내 마음의 쓴뿌리 때문이었다. 사랑을 기대했던 교회들이 미온적 반응을 넘어 냉소적 반응을 보이자 마음이 아팠다. 어느 나라건 비장애인들은 장애인들을 마땅히, 기꺼이 도와야 한다. 이것은 국경을 초월해야 하는 일이다. 마찬가지로 북한에 장애 아이들이 있다면 어떤 정치적, 사회적 환경이 있

사랑으로 길을 내다

더라도 그것을 뛰어넘어야 한다. 당연히 마음과 생각이 거기까지 임해야 하는 것이 기독교적 신앙이라고 생각했다. 그러나 교회마저도 정치적 분위기에 휩쓸리는 것을 보면서 내 안에 많은 눈물이 쏟아져 나왔다. 전쟁의 피해가 예수를 닮아 가는 신앙마저 머뭇거리게 하는 것을 느꼈을 때 너무도 안타까웠다. 사탄이 이것을 가지고 언제까지 우리를 복음적으로 살아가지 못하도록 할 것인가 하고 말이다.

그러나 나의 이런 절망을 딛고 복신이는 사람들이 가진 또 다른 마음의 문을 두드렸다. 나는 초청받은 교회에서 머물 수 있는 병실 하나 없이 쓸쓸히 생명을 마감해야만 했던 한 시골 아이의 이야기를 전했다. 그러자 그동안 북한이라는 배경 때문에 냉소적이거나 때론 적대시했던 사람들의 마음이 조금씩 열리기 시작했다. 이 어린 생명들을 도와야 한다는 반응이 일어나기 시작한 것이다. 내가 한 것은 그저 본 것을 전했을 뿐이다. 그리고 깨달은 것, 우리가 장애 아이들을 도와야 한다는 생각을 나눴을 뿐이다. 그러자 그 아이들의 존재가 많은 어른들의 마음을 긍휼과 은혜로 이끌었다. 아이들을 통해 하나님이 우리에게 주신 사랑과 긍휼이라는 귀한 성품이 다시 회복되었다. 또한 한 걸음 더 그리스도의 형상으로 닮아 가는 길을 내디뎠다. 아이들의 존재 자체가 선한 동기가 되고 있다는 것이 감사하고도 놀라웠다.

나는 설득할 방법이 없었다. 그러나 하나님께서는 당신의 방식으로 꽉 닫힌 문을 여셨다. 한국의 사회 분위기상 어떤 것이 됐든 북한을 도울 때는 반대가 심했다. 그러나 그런 상황 속에서도 많은 교회와 성도들이 그리스도의 사랑으로 북한의 뇌성마비 아이들을 품고 병원 건축에 힘을 실어 주었다. 각자의 정치적 성향을 내려놓고 아이들의 생명과 치료 앞에 주님의 마음으로 손을 내밀어 준 수많은 성도를 보면서 우리 안에 착한 일을 시작하신 이가 그 일을 끝까지 이루어 가실 것을 더욱 소망하게 되었다.

무엇보다 어려운 국제 정세와 힘든 형편 속에서도 조금 속도는 느렸지만 병원 건물은 쉬지 않고 한층 한층 올라갔다. 누가 봐도 포기할 만했다. 이 건물이 지어질 수나 있을까 다들 염려했다. '해가 바뀌면 그만두겠지'라는 말들도 많았다. 그러나 그렇게 어려운 상황 속에서 공사는 한 해도 멈춘 적이 없다. 한국에서 5-6개월이면 끝날 작업이 7년이나 걸렸지만, 결국 그 과정을 모두 지켜본 사역자들과 북한 사람들은 이것을 해낸 것에 놀라워했다. 공사 현장에 찾아와 수고한다고, 고생한다고 건네주는 동역자들의 한마디가 엄청난 격려가 되었다. 또한 북한 보건성(북한의 보건 위생 방역 등을 관장하는 기관)과 합의서를 체결해 내가 공동소장이 되어 사업의 안전성과 지속성을 보장받게 되었다.

척추재활센터는 남한과 북한 사람들, 그리고 미국 사람들까지 모두가 함께 지은 병원이다. 그냥 하나의 건물로만 보지

사랑으로 길을 내다

않기를 바란다. 이 병원을 통해 사람과 사람의 벽이 허물어지고 오해로 끊어진 대화를 다시 해 나갈 수 있는 계기가 된다면 더없이 감사할 것이다. 서로 정치적, 사회적 환경은 다르지만 이곳에서 우리보다 약한 사람을 돕는다는 마음으로 만나는 곳이 되길 바란다. 무엇보다 생명에 대한 존중과 희망이 흘러가는 곳이 되길 소망한다.

이제 병원의 어떤 의사도 뇌성마비 아이들을 포기하고 그냥 보내라는 말은 하지 않는다. 오히려 한마음이 되어 최선을 다해 아이들을 치료하고 있다. 나는 이런 병원이 북한 곳곳에 세워지길 바란다. 하나님의 사랑이 아니고는 설명할 수 없는 일들이다.

한 아이를 낫게 해주고 싶었을 뿐이다

'병원이나 지어 주고 가는 거 아니었나?'

처음 우리가 평양에 왔을 때 북한 사람들의 시선이었다. 그들은 우리를 그저 병원 하나 지어 주러 온 사람들로 봤다. 물론 아직까지도 그렇게 보는 사람들이 있을 것이다. 왜냐하면 지금까지의 북한 기증 사업들이 대부분 병원을 지어 주고 약을 가져다주는 방식이었기 때문이다. 그러나 내 목표는 건물이 아니었다. 물론 건물도 필요했다. 그렇지만 정말로 중요한 것은 이곳 아이들을 치료하는 일과, 아직 소개되지 않은 의학 기술을 전하는 일이다.

나도 처음부터 병원을 세우기 위해 이곳에 온 것은 아니었다. 그저 한 아이를 낫게 해주고 싶었던 그 간절한 마음에서 시작한 일이 여기까지 왔다. 다행히도 북한 사람들은 시간이 갈수록 우리 뜻을 이해해 주었다. 우리가 평양에 같이 살면서 환자를 치료하고 의사들에게 기술을 전해 주며 장애 아이들에 대한 의료 체계를 이루기 위해 노력하는 모습을 보면서 조금씩 마음의 문을 열어 주었다.

물론 그렇다 한들 그들에게 나는 여전히 외국인이다. 그들 중에는 다른 이들처럼 그냥 건물만 주고 가면 되지 외국인이 왜 우리와 같이 일하려고 하는가 의문을 갖는 이들도 많았다. 어쩌면 우리가 있음으로 해서 그들이 불편한 것도 많았을 것이다. 장애 아동을 위해서는 이런 게 필요하다, 저런 게 필요하다 나서니 간섭이나 잔소리처럼 들렸을 수도 있지 않겠나. 그러나 이런 상황들이 나의 의도적 개입이 아니라 자연스럽게 일어난 일이라는 사실은 모두가 알고 있었다. 그랬기에 우리가 추구하는 가치에 동의하는 북한 사람들이 오히려 내부 사람들을 설득해 줬다.

하나님의 이끄심을 확인하는 방법은 내 힘으로 할 수 없는 것들을 이루시는 것을 볼 때이다. 내가 무언가를 해야 한다면 그것은 이 나라에서 생명을 살리는 일이라고 생각했다. 그렇게 시작한 일이 지금은 북한 안에 생각지도 못한 놀라운 변화를 불러왔다.

우리가 평양에 오기 전까지 북한에는 뇌성마비나 자폐 같은 행동발달장애 어린이들을 위한 치료 프로그램이나 교육이 전혀 없었다. 이 방면의 전문의조차도 보기 힘들었다. 병원 관계자들은 이 나라에 이런 아이들이 있다는 것을 인정하는 것조차 힘들어했다. 의학 교과서에는 소개되었지만 구체적으로 학문화되지 않았을뿐더러 치료법도 연구되지 않았다. 그런데 복신이를 통해 뇌성마비가 처음으로 북한 사회의 수면 위로 드러났고, 이를 공식적으로 다루는 계기가 만들어진 것이다.

지금은 많은 행동발달장애 어린이들이 치료를 받기 위해 기다리고 있다. 정식으로 평양의학대학병원에 '뇌성마비'라는 병명이 등록되었고, 그 병명으로 입원할 수 있게 되었다. 나아가 이런 아이들을 위한 치료 교육 과정을 평양의학대학에 개설했다. 소아재활의학과와 척추교정학 전문의 과정을 개설했고 특수교육 프로그램 과정도 생겼다. 무엇보다 아내와 나는 소아행동발달장애라는 단어를 북한에 처음 만들어 주었다. 뇌성마비뿐 아니라 다운증후군, 자폐증, 지적장애 등이 발달장애 카테고리에 들어가는데, 여기에 아동들을 행동발달장애로 구분하고 학문화되도록 했다. 전문의 과정을 마친 졸업생들은 북한의 각 지역 병원으로 파견되어 치료와 관리를 감당한다. 2015년에는 한 단체의 후원을 받아 평양뿐 아니라 북한의 지방 아동병원에서도 소아재활의학과를 시작할 수 있게 되었다. 그뿐만 아니라 강원도 원산, 평안남도 평성, 남포시 아동병원 등에 뇌성마비 아이들을 위한 치료 시설을

　　　　　　　　　　사랑으로 길을 내다

갖추게 되었다.

감격스러운 것은 북한도 이 아이들에 대한 관심을 쏟기 시작했다는 것이다. 북한은 이제 소외된 아이들을 위해 국가적 정책을 만들고 이 아이들을 사회 안으로 부르기 위해 적극적으로 치료하고자 노력하고 있다. 정말 놀랍고도 감사한 일이다. 북한에서는 의료 서비스가 무상이다. 특별 검사나 수술 비용도 없다. 형편이 넉넉하지 않은 아이들에겐 그나마 다행스러운 일이다.

이렇게 시스템이 만들어지는 과정에서 가장 고맙고 힘이 되어 준 사람은 바로 아내였다. 아내는 이곳에 오기 전까지 미국에서 고등학교 과학 교사로 일했다. 이곳에 와서는 여러 사역으로 바쁜 나를 대신해 혼자 자녀를 가르치고 키우느라 애썼다. 무척이나 감사하다. 우리가 평양에 왔을 때 막내가 다섯 살이 되었다. 세 아이가 북한에 있는 외국인 학교에 다니게 되면서부터는 아내도 나와 함께 병원에 출근할 수 있었다.

아내는 자신의 전공을 살려 병원을 찾은 아이들을 살피고 진료를 관찰했다. 특히 아내는 아이들이 치료를 받는 기간 동안 몇 달, 길게는 몇 년씩 학교 교육을 놓치는 것을 안타까워했다. 더군다나 치료를 받는 아이들은 행동발달장애를 안고 있기 때문에 대부분 학교 교육을 받지 못했다. 그중에는 한 번도 학교에 가본 적이 없는 아이들도 많았다. 뇌성마비 아이들을 치료하는 목적 중 하나는 학업에 참여하게 하는 것이다. 장애를 가지고도 얼마든지 사회의 일원으로 활동할 수 있으려면 배움이 꼭 필요했다. 교육자인 아내의 눈에 가장 먼저 들어온 것은 바로 이 부분이었다. 그래서 아내는 치료만으로 끝날 일이 아니라 아이들을 교육할 방법을 찾기 위해 발 벗고 나섰다.

아내는 미국인이면서도 글을 모르는 아이들에게 한글을 가르쳐 주었다. 그뿐만 아니라 아이들과 같이 과학, 음악, 미술 공부를 했다. 최근 미국에서 주목을 받는 것 중 '교육치료'라는 것이 있다. 일반적인 특수교육이 장애의 증상은 그대로 두고 이 장애에 맞게 어떻게 교육할 것인가에 대한 고민이라면, 교육치료는 이 아이들이 가진 장애를 극복해 내는 과정을 위한 것이다. 말하자면 여러 가지 교육을 받는 과정 속에서 장애도 함께 치료된다는 관점이다. 예를 들어 뇌의 우반구와 좌반구의 연결이 잘 안 되는 아이들에게 숫자를 가르치면서 장애의 문제를 치료해 가는 방식이다. 치료와 교육이 같이 이루어지기 때문에 아이들에게도 상당한 도움이 되고 있다.

아내는 장애 아동들을 만나면서 밤낮없이 공부하기 시작했다. 평양에 있을 때는 외국인에게만 허락되는 인터넷을 이용해 독학했고, 겨울에는 밖으로 나가 전문과정을 공부해 관련 자격증들을 따기도 했다. 그 뒤 우리는 교육치료에 좀 더 전문성을 갖추기로 했다. 새로 건축된 병원 안에 의료적인 것

사랑으로 길을 내다

뿐 아니라 행동발달장애 아이들을 위한 교육프로그램을 만들어 치료의 한 영역으로 들어갈 수 있게 만들었다.

그동안 농아학교나 맹인학교 같은 경우는 많은 외국 단체가 도움을 주었고, 북한에서도 어느 정도 발전시켰다. 그러나 행동발달장애 아동을 위한 프로그램은 전무했다. 듣지 못하거나 보지 못하는 것은 장애로 보았지만, 발달장애 아이들은 장애로 인식조차 하지 못했던 것이다. 그만큼 이런 아이들은 함께 살아가면서도 주변에 없는 것과 같은 존재였다. 그런데 이제 북한에서 이런 행동발달장애 아이들이 사회로 나올 수 있도록 교육치료 프로그램을 시작했다. 그것만으로도 보람되고 가슴 벅차다.

우리가 이전에 북한에 없었던 소아행동발달장애와 관련된 의료기술을 북한의학대학에 전하고 있다고 하면 사람들은 깜짝 놀란다. 어떻게 그런 일을 할 수 있느냐고 말이다. 우리는 그저 작은 일을 시작했을 뿐이다. 그리고 그 일을 하기 위해 우리는 그들과 같이 잠들고 일어나고, 먹고 마시며 생활했다. 아내와 나는 결코 이런 일을 할 만한 자격이 있는 사람이 아니다. 다만 우리는 그곳에 있었고, 당연히 해야 할 일을 한 것뿐이다. 나는 오히려 이 일에 적극적으로 나서 준 북한 사람들에게 그 공을 돌리고 싶다. 이전까지는 방법을 몰랐을 뿐, 한번 경험한 이상 그들은 더욱 간절히 의료 기술과 교육치료를 원했다.

자식을 향한 부모의 마음은 북한이라고 다르지 않다. 희망이 있다면 살려 보겠다고, 고쳐 보겠다고 발버둥 치는 부모들을 나는 이곳에서 매일 만난다. 그들에겐 이전에 없던, 작지만 간절한 기대가 생겼다. 마치 주님의 옷자락이라도 만지면 나을 것 같았다고 고백했던 혈루증 앓는 여인의 간절함처럼 말이다.

이 일의 열매는 무엇보다 장애를 바라보는 북한의 시선이 조금씩 변화되고 있다는 것이다. 나는 이 아이들을 향한 하나님의 시선을 우리가 함께 볼 수 있기를 바란다. 또한 하나님의 이 시선이 아직도 기회의 사각지대에 있는 어느 가정, 어느 아이에게 찾아가 주시길 간절히 소망한다.

사랑으로 길을 내다

사랑은 같은 자리에 있어 주는 것

사지뇌성마비환자인 우인이가 1년 만에 회복된 소식이 북한 전역에 방송되면서 평양의학대학 재활의학과에는 여러 가지 변화가 일어났다. 우선은 소문을 듣고 찾아오는 환자가 나날이 늘어났다.

하지만 그럴수록 나는 깊은 고민에 빠졌다. 이제 뇌성마비 환자 치료에 걸음마를 떼었을 뿐, 찾아오는 아이들 중에는 내가 도울 수 없는 증상도 많았기 때문이다. 그중 하나가 자폐 증상을 보이는 아이들이었다. 우리는 아직 자폐증을 치료할 아무런 준비가 되어 있지 않았다. 너무도 미안했지만 그런 아이들이 찾아오면 하는 수 없이 돌려보낼 수밖에 없었다. 우리 팀은 더 많은 영역의 장애 아이들을 치료할 수 있도록 주님의 사람들을 보내 달라고 기도했다.

2015년 겨울이었다. 한 사역자 모임에서 엘레슨이라는 백인 여성이 나를 찾아왔다. 그녀는 12년 동안 중국에서 자폐 아동들과 부모들을 위해 사역해 온 치료사였다. 그런데 어느 날부터 하나님이 북한에 있는 자폐 아동들에 대한 마음을 부어 주셔서 기도를 시작하게 되었다고 한다. 그 아이들은 누가 돕고 있을까 하는 마음으로 기도하다가 나의 소식을 듣고 반가운 마음에 만나러 왔다는 것이다. 그녀의 이야기를 듣는 동안 치료실에 찾아왔던 자폐 아동들의 모습이 떠올랐다. 그동안 뾰족한 수가 없어 돌아가던 아이들 때문에 너무도 가슴이 아팠는데, 이 아이들을 위해 기도하자 기적처럼 내 앞에 자폐증을 치료해 줄 사람이 나타났다. 엘레슨은 그동안 우리 병원에서 상황상 자폐 아이들을 받지 못했던 이야기를 듣고 눈물을 흘렸다. 아마도 그 아이들이 겪는 아픔을 누구보다 잘 알고 있기 때문일 터였다.

석 달 뒤 엘레슨은 평양으로 와 주었다. 그녀가 자폐 아동들을 치료하는 방법은 'DIR 플로어 타임'(DIR Floortime)이라는 치료 방식이다. 쉽게 말하면 치료사는 자폐 증상을 가진 아이들의 눈높이에 맞는 모습으로 내려가 그들과 같이 행동한다. 아이에게 무엇을 하라고 강요하거나 요구하지 않는다. 그저 치료사는 자폐 아동의 세계로 들어간다. 그리고 아이 스스로 자기 옆에 누가 있는 것을 느낄 때까지 기다려 준다. 아이가

사랑으로 길을 내다

치료사를 인지하면 그때부터 치료사는 아이가 원하는 대로 조금씩 함께 놀이에 참여한다. 이런 과정을 통해 치료사는 아이의 삶에 들어가 사람과 사람이 어떻게 관계를 맺는지 아이 스스로 배우게 한다. 그렇게 엘레슨은 나의 작은 치료실 바닥에 앉아 자폐 아동들과 눈을 맞췄다.

평양의학대학에서 자폐증을 치료한다는 소식이 전해지면서 자폐 아동들이 부모와 함께 병원을 찾아오기 시작했다. 룡성이 어머니는 아홉 살 난 아이를 병원에 데려왔다. 룡성이는 우리 자폐스펙트럼장애(Autism Spectrum Disorder, ASD) 프로그램의 첫 환자였다. 대부분의 자폐 아동처럼 룡성이 역시 다른 사람과의 상호작용에 문제가 있었다. 처음에 아이의 눈은 두려움으로 가득 차 있었다. 그런 룡성이에게 엘레슨은 천천히 다가갔다. 룡성이가 혼자 놀고 있으면 조용하지만 가까운 곳에서 함께 놀아 주었다. 며칠간의 놀이를 통해서 엘레슨은 룡성이에게 조금씩 자신의 존재감을 알려 주었다.

그러다가 룡성이와 눈을 맞추게 되었다. 타인의 존재를 인식하지 못하고 혼자의 세계에만 갇혀 있던 아이가 옆 사람과 눈을 마주치는 것은 아주 놀라운 일이다. 그때까지만 해도 룡성이는 엄마와 한 번도 대화를 해본 적이 없고 눈도 제대로 마주치지 않았다. 당연히 우리와도 말 한마디 나누지 않았고 누군가가 접근하는 것을 견디지 못했다. 그런 룡성이가 달라지기 시작한 것이다. 일주일간의 짧은 치료 과정에서 치료사와 룡성이는 교감하고 소통했다.

얼마 후 룡성이 어머니를 통해 놀라운 이야기를 전해 들었다. 학교에 간 룡성이가 점심시간에 도시락을 싸 오지 못한 다른 친구에게 먼저 다가가 자신의 밥을 나눠 주었다는 것이다. 이 모습을 본 선생님이 놀라서 룡성이 어머니에게 연락을 했다고 한다. 이전에는 상상할 수 없었던 일이었다. 룡성이 어머니는 이 소식을 우리에게 전하면서도 연신 눈물을 흘리느라 말을 다 잇지 못했다.

아마 룡성이는 자폐증이라는 신경학적 질환에 갇혀 주위 사람들과 관계를 맺고 싶어도 그렇게 하지 못했을 것이다. 그런데 누군가가 기꺼이 룡성이의 세계 안에 들어와 그의 위치에서 만나 주었을 때 아이 내면에 잠재하고 있었던 남을 돌아보고 위하는 마음의 통로가 열리게 된 것 같다. 누군가 새로운 것을 가르쳐 주었다기보다는, 아이 안에 계신 창조주의 좋으심이 운행한 것이 아닌가 생각한다.

우리는 룡성이를 통해 작은 가능성을 보았다. 이 작은 가능성에라도 기댈 수 있는 사람들이 많아지길 바란다. 2년 동안 평양의학대학병원은 자폐 증상과 이에 관한 치료 방법을 배우려고 고군분투했다. 엘레슨 선생이 4주간 강의와 임상 치료 훈련을 해주었는데, 이 훈련에 평양의학대학과 어린이 병원에서 30명이 넘는 의사들이 참여했고 북한의 장애인 단체가 동참했다.

사랑으로 길을 내다

나는 '통일이라는 거대한 민족의 과제를 두고 어디서부터 어떻게 시작해야 하는가?'라는 질문을 참으로 많이 받아 왔다. 나는 뇌성마비 아이들과 자폐증 아이들을 키우는 부모의 사랑과 인내에서 우리 사회가 배워야 할 것들이 많다고 생각한다. 또한 엘레슨 선생의 자폐 치료를 보면서도 배운다. 사랑은 나의 시간표에 맞춰 상대에게 변화를 요구하는 것이 아니다. 상대의 시간에 나를 던지는 것이다. 상대는 평생 내가 생각하는 속도에 맞추어 변화되지 않을 수도 있다. 그러나 예수님도 우리가 죄인이었을 때 우리의 자리에서 만나 주셨다. 예수님이 누구인지 알아보지도, 이해하지도 못하는 우리를 위해 이 땅에 오신 것이다.

　사랑하면 어떤 장애물이나 다름이 있어도 다가갈 수 있어야 한다. 상대에게 많은 요구를 할 필요도 없다. 그저 같은 자리에 있어 주는 것이 사랑이다. 엘레슨의 사랑이 홀로 있던 룡성이에게 흘러갔고, 룡성이는 자신의 곁에 있는 또 다른 홀로 있는 아이의 손을 잡아 주었다. 이것이 사랑의 힘이다.

한 사람의 눈물이면 충분하다

우인이가 퇴원하던 날이었다. 환송하던 사람들이 모두 떠난 뒤 나는 진료실에 혼자 남아 있었다. 그때 함께 치료하던 소아과 선생이 나를 찾아왔다. 할 말이 있다던 그는 갑자기 큰 소리로 울기 시작했다. 나는 당혹스러워 얼른 일어나 그를 붙들었다. 오늘같이 좋은 날 무슨 일인가? 혹시 병원에서 내가 모르는 일이 생긴 건가 싶어 걱정스러웠다. 그는 울먹이며 말했다.

"선생님, 어떡합니까? 나는 아이들이 정말로 치료될 줄 몰랐습니다. 그동안 숱한 아이들이 내 방에 찾아왔는데 나는 그냥 돌려보냈습니다. 울면서 찾아온 부모들에게 가망이 없으니 더는 아이 고생시키지 말고 편안하게 보내 주라고, 그게

182

더 낫다고 했습니다. 선생님, 그동안 내가 보낸 그 아이들은 다 어쩌면 좋습니까. 그 아이들은요?"

가슴 아파하며 우는 그를 붙들고 나도 한참을 같이 울었다. 의사로서 애통하는 마음이 고스란히 전해져 왔다. 우인이의 회복을 지켜보며 지난 1년간 그의 마음이 어땠을까? 자신의 방에서 뒤돌아 나가던 아이들 얼굴이 하나하나 떠오르지는 않았을까? 그렇지만 나 역시 그에게 뭐라 해줄 말이 없었다. 그저 그의 손을 꼭 붙잡고 이제부터라도 한 아이씩 어떻게든 함께 살려 보자고 격려했다.

그날 밤 그의 고백은 한동안 복잡했던 내 마음을 일순간에 정리해 주었다. 솔직히 나는 북한에 있으면서 가끔은 다 포기하고 도망가고 싶을 때가 있었다. 때로는 짊어진 짐이 너무 무거워서, 때로는 일이 너무 힘들어서 포기하고 싶었다. 북한을 떠날 이유는 자고 일어나면 또 생기곤 했다. 물론 생활도 녹록지 않았다. 겨울이면 집 안 침실에 얼음이 얼 정도로 난방이 안 되어 추위와 싸워야 했고, 여름에는 냉장 냉동이 잘 안 돼서 온 가족이 잦은 배탈과 설사로 고생했다. 장마당에 가도 먹고 싶은 것을 마음껏 살 수 없었다. 그런 환경에서 아이들까지 키워야 했다. 그렇지만 그것 때문에 포기하거나 도망가고 싶은 생각은 별로 없었다. 생활고는 얼마든 참을 수 있었다.

그보다 내가 정말 떠나고 싶었을 때는 우리가 하는 일에 열매가 보이지 않을 때였다. 북한에 왔을 당시 내 나이는 서른일곱 살이었다. 인생의 전성기라고들 말하는 때였다. 어찌 보면 내 모든 것을 이 땅에 쏟고 있는데 아무런 열매가 없다는 생각이 들 때가 있었다. 그런 때는 정말로 견디기가 힘들었다. 밤낮없이 뛰어다녔는데 실질적으로 눈에 보이는 게 없다 보니 어느 날은 아까운 내 청춘만 낭비하는 것 같았다. 어느 날은 내가 있어야 할 곳이 여기가 아닌 것만 같았다. '우리가 하는 일 때문에 어떤 변화가 있는가? 나는 왜 여기서 이러고 있어야 하는가?' 하는 생각과 함께 회의가 밀려왔다.

평양에서의 삶도 쉽지 않았다. 모든 일을 다 정석대로, 책대로 해야 했다. 그것은 통제가 심했다는 뜻이다. 그 스트레스를 극복하는 것이 꽤 힘들었다. 외국인으로서 평양의학대학병원에 풀타임으로 근무하는 사람은 나 혼자였다. 일의 성과를 계속 간부들에게 보여 줘야 했고, 의학자로서 그들의 기대감을 충족시켜 주어야 했기 때문에 늘 분주했다. 거기다 공동체 식구들 역시 병원을 짓는 일 때문에 많이 지쳐 있었다.

그런데 그날 소아과 선생의 이야기는 마음의 무게를 견뎌내고 있던 나와 우리 공동체 식구들에게 크나큰 위로가 되었다. 열매가 없던 게 아니었다. 북한 의사 한 사람이 갖게 된 생명에 대한 가치 변화는 그 어떤 것으로도 설명할 수 없는 귀한 열매였다. 그것은 사람과 사람이 함께함에 대한 가치인 것이다. 그에게는 이제 장애를 가진 아이들이 더는 사회의 짐

사랑으로 길을 내다

이 아니라 더불어 살아가면서 삶을 나누는 존재 자체가 된 것이다. 한 사람이 그것을 마음으로 받아들이고, 이 땅에서 달라진 가치관대로 살아 내고 싶어 하는 것 자체가 은혜가 아니고 무엇인가. 이것이야말로 나와 우리 가족이 이곳에 온 이유가 아니었던가.

나는 그때 알았다. '그저 이 일을 하면 되겠구나!' 하고 말이다. 성경에서 지극히 작은 자에게 한 것이 곧 나에게 한 것이라고 하신 말씀처럼, 작은 자, 그늘에 가려 안타깝게 떠나는 생명들, 무시당하고 관심받지 못하는 사람들, 이들과 함께하면 되는 것이었다. 바로 그것이 내가 할 일이라는 사실이 더욱 명확해졌다. 비록 아무 일도 일어나지 않는 것처럼 보인다 할지라도 말이다.

언젠가 나를 맡은 지도원 때문에 너무 힘들었던 적이 있다. 견디다 못한 나는 아내에게 북한을 떠나자고 했다. 그때 아내는 나에게 다른 설명 대신 이 말을 해주었다. 보이는 현상만 가지고 판단하지 말라고, 우리는 보이지 않는 것을 봐야 한다고 말이다. 아내는 나보다 훨씬 성숙했다. 그날 밤, 나는 아내가 했던 그 말을 다시 떠올렸다. 아내는 눈에 보이지 않았던, 숨겨진 보화 같은 이 아름다운 순간을 나보다 먼저 믿음으로 보았던 것일 테다.

우리같이 작은 단체에서 이런 큰 병원을 짓는 것은 쉬운 일이 아니다. 지난 13년을 돌아볼 때 남북 관계나 북미 관계속에서 해야 하는 이유보다 하지 말아야 하는 이유가 더 많았다. 그렇지만 이런 환경에서도 버틸 수 있었던 것은 이 땅에서 귀중한 가치가 무엇인지에 대한 공통분모를 찾았을 때였다. 그 귀중한 가치란 바로 사람에게 있었다. 한 의사의 고백으로 나는 다시금 내가 지금 하고 있는 일들을 묵묵히 하면 된다는 사실을 깨달았다. 포기하고 싶은 순간, 우리가 다시 일어나 걸어가야 하는 이유를 발견한 것이다. 한 사람의 눈물이면 내가 북한에 남아 있어야 할 이유는 충분하다.

앞이 보이지 않고, 길이 없는 것만 같고, 손에 아무것도 잡히지 않는 것 같은 상황이 또 올지도 모른다. 나는 그때가 오면 이 의사의 고백을 떠올릴 것이다. 비록 지금은 보이지 않는다 해도 하나님께서 감추어 두신 놀라운 비밀이 드러날 그때를 기다리며, 보이지 않는 숱한 것들을 꿈꿀 것이다. 이제는 보이지 않는 것들을 믿음으로 바라볼 것이다.

열매는 내가 거두지 않아도 된다. 열매 때문에 낙심하거나 동동거리지 않아도 된다. 나는 그날을 위해 씨를 뿌리고 누군가는 물을 줄 테지만, 자라게 하시는 이는 하나님이시다. 언젠가 또 누군가가 이 땅에서 그 열매를 거두게 된다면 그것으로 되었다. 하나님은 결국 나에게 이 말씀을 해주고 싶으셨던 것이 아니었겠는가.

"우리가 선을 행하되 낙심하지 말지니 포기하지 아니하면 때가 이르매 거두리라"(갈 6:9).

사랑으로 길을 내다

Part 4.

메마른 땅,

사랑으로 길을 내다

불가능을 가능하게 하는 것은 사랑의 힘이다

북한에 오기 전 우리 부부에게는 세 자녀가 있었다. 그런데 장애 아동들을 치료하면서 생각지도 못했던 사랑스러운 두 명의 아이가 더 생겼다. 입양을 통해 가슴으로 낳은 야곱과 에스더다. 이 두 아이는 북한에서 사는 동안 하나님께서 우리 가정에 주신 아주 특별한, 축복의 선물이다.

사실, 뇌성마비 아이를 데리고 병원을 찾아오는 부모들을 만날 때마다 왠지 미안한 마음이 들었다. 아이와 부모의 마음을 최대한 이해하고 공감하려고 노력하면서 최선을 다해 치료하지만 그 마음이 어떻게 당사자와 같을 수 있겠는가. 아내와 나는 늘 그것이 마음에 걸렸다. 그래서 어떻게 하면 그들의 마음을 조금이나마 더 이해할 수 있을까 고민하곤 했다.

그렇지만 아무리 고민한다고 해도 결국 우리는 벽에 맞닥뜨렸다. 문제는 아이들의 치료가 아니었다. 부모를 설득하는 일이 가장 어려운 숙제였다. 어디든 부모의 마음은 똑같다. 병원에 와서 치료를 받으면 눈앞에 절망처럼 누워 있는 자녀가 씻은 듯 낫게 될 거라는 막연한 기대와 희망을 품는 것이다. 하지만 소아행동발달장애의 특징 중 하나는 100퍼센트 완치되는 경우가 거의 없다는 점이다. 그래서 치료의 방향은 비록 신체적 장애를 갖고 살더라도 불편함을 최소화해 사회에서 겪게 될 어려움들을 극복할 수 있도록 돕는 것이다. 이를 통해 일상에서 자연스럽게 사회활동에 참여할 수 있도록 하는 것이다.

대부분 이런 아이들의 치료는 시간이 오래 걸린다. 어쩌면 평생 지금 모습으로 살 수밖에 없다. 그런데 부모들은 어떻게든 빨리 낫기만을 기다리다가 한 달도 안 돼서 금세 포기해 버리고 만다. 세상천지에 자기 자식에 대한 희망을 버리고 싶은 부모가 어디 있겠는가. 그럼에도 이들이 돌아설 수밖에 없는 이유는 장애 아동을 자녀로 둔 부모가 마주한 현실이 너무도 혹독하기 때문이다.

북한은 알다시피 강력한 집단사회주의체제이다. 모든 사람이 다 같이 일을 해야 하고, 다 같이 사회에 참여해야 한다. 그런 분위기에서 평생 타인의 도움을 받아야 한다는 것 자체가 이 사회에 큰 오점이 되는 일이다. 부모들은 자신의 자녀가 공동체에 부담을 주게 된다는 것이 엄청나게 큰 고민인 것이다. 안 그래도 살기 팍팍한 현실에서 자녀가 휠체어를 타고 살아야 하고, 컴퓨터로밖에 대화할 수 없으며, 어쩌면 평생 이렇게 살아야 할지도 모른다는 사실이 괴로울 수밖에 없는 것이다. 무엇보다 이 사회에서 자녀가 뇌성마비로 살아가며 겪을 마음의 고통을 부모는 짐작하고도 남기 때문이다. 그래서 어쩌면 이곳 사람들이 차라리 빨리 하늘나라로 보내 주는 것이 이 아이들을 위한 것이라고 여기는지도 모르겠다.

나는 그 막막함에 돌아서는 부모들의 심정을 이해하면서도 차선책을 찾아 보자고, 어떻게든 이 사회에서 적응하며 살아갈 수 있도록 방법을 모색해 보자고 부모들을 설득했다. 그리고 우리는 그 부모들의 마음과 좀 더 함께할 수 있기를 기도했다.

그러던 어느 날 아내가 입양 이야기를 꺼냈다. 사역자 가정에서 태어난 아내는 주위에 있는 다른 사역자들이 한국 아이들을 입양하는 것을 보면서 자신도 어린 시절부터 입양에 대한 마음을 갖게 되었다고 한다. 그런데 평양에서 뇌성마비 아이들을 만나면서 오랜 시간 잊고 지냈던 그 생각이 다시 떠올랐다는 것이다.

하지만 아내와 달리 나는 두려웠다. 이미 우리에겐 세 명의 자녀가 있고, 이 아이들을 북한에서 키우는 것만으로도 너무 벅찼기 때문이다. 그러나 북한 아이들에 대한 사랑이 너무도

사랑으로 길을 내다

크게 자리했고, 조금이나마 그 부모의 마음을 헤아릴 수 있는 기회가 된다면 도전해 보기로 했다. 그날 이후로 아내와 나는 본격적으로 입양에 대해서 알아보기 시작했다. 하지만 북한에서는 외국인이 북한 아이를 입양할 수 없게 되어 있다는 것을 알게 되었다.

그러던 중 2016년 1월 무렵, 한 모임에 참석하기 위해 태국에 다녀온 적이 있다. 그곳에서 휴가차 여행 온 한 가족을 우연히 만났는데, 자녀가 무려 열두 명이나 되었다. 특이한 것은 부모는 백인인데 아이들은 대부분 동양인이었다. 이야기를 나눠 보니 본인이 낳은 자녀는 네 명이고 중국 아이들을 여덟 명 입양했다는 것이다. 그런데 그중 여섯 명은 심각한 장애를 갖고 있었다. 우리 부부는 큰 충격을 받았다. 아이들의 어머니는 장애 아동 입양기관에 소속되어 있는 사역자라고 자신을 소개했다. 우리는 그를 만난 뒤 장애 아이를 입양하는 것에 더욱 관심을 갖게 되었고, 그가 일하는 입양기관에 양부모 신청서를 제출했다.

얼마 후 그곳에서 다섯 장의 사진을 보내 왔다. 모두 뇌성마비를 앓고 있는 아이들의 사진이었다. 우리 가족은 그 사진들을 펼쳐 놓고 기도하면서 새로운 가족이 될 아이를 함께 정하기로 했다. 그때 우리 마음에 주신 아이가 바로 야곱이다. 야곱은 생후 7일 정도 되었을 때 중국의 어느 병원 문 앞에 버려져 있었다. 양 다리가 움직이지 않는 뇌성마비로 중국

산시성에 있는 장애 아동 시설에서 자라다가 세 살 무렵 입양 기관에 들어왔다.

사실, 야곱이 우리 집에 오게 된 것은 셋째 안나의 기도에서부터 시작되었다. 당시 다섯 살이었던 안나가 갑자기 남동생을 낳아 달라고 날마다 우리 부부를 조르기 시작했다. 우리는 그 요구는 들어줄 수 없다고 말해 주었다. 그런데 안나는 6개월 동안 하루도 쉬지 않고 계속 기도했다. 잠을 잘 때도, 아침에 일어날 때도, 심지어는 식기도를 할 때도 우리 부부가 들으라고 큰소리로 기도했다. 그런데 정말로 그 기도가 이루어졌다. 야곱의 사진을 선택한 것은 안나였다. 우리 가족은 모두 안나의 의견에 동의했다.

야곱이 우리 가정에 온 이후로 많은 변화가 일어났다. 야곱이 있는 곳엔 언제나 웃음이 끊이지 않았고 어느샌가 주변이 환해졌다. 특히 하지마비라 잘 걷지도 못하던 아이가 하루하루 눈에 띄게 좋아지더니 집에 온 지 6개월이 지난 뒤부터는 혼자서 걸어 다닐 정도로 놀랍게 회복되었다. 이런 경이로움 속에서 우리는 야곱을 치료하는 데 온 정성을 쏟았다.

야곱을 입양한 지 1년이 채 안 되었을 때였다. 중학생이던 큰딸 사라가 아침에 말씀 묵상을 마치더니 할 말이 있다면서 우리 부부를 불렀다. 오늘 기도 가운데 하나님께서 우리 가정에 아이를 한 명 더 데려오라고 하셨다는 것이다. 그것이 우리 가정에 원하시는 일이라고 말이다. 나는 예상치 못한 딸의

사랑으로 길을 내다

말에 '주여!' 소리가 저절로 나왔다. 솔직히 나는 야곱을 데려온 것으로 이제 할 일을 다 했다고 여기고 있었다. 야곱을 최선을 다해 키우고 있으니 이만하면 된 것 아니냐고 생각했다. 그런데 아이를 또 입양하라니! 네 아이를 키우는 것도 매일 전쟁 같은 일이었다. 거기다 한 아이는 몸이 성치 않으니 아내도 나도 늘 손이 벅찼다. 또 다른 가족이 생기는 것은 분명 좋은 일이었지만 나는 현실적인 걱정이 앞섰다.

아내는 나보다 훨씬 담대했고, 사라의 의견에 따르기로 결정한 후 내 결정만 기다렸다. 그러나 나는 여전히 감당할 자신이 없었다. 기도할 때마다 눈물이 쏟아졌다. 하지만 이미 하나님은 내가 그 뜻에 순종할 것을 알고 계셨던 것 같다. 성경을 읽기만 하면, 마땅히 해야 할 일이라는 것이 더욱 강하게 느껴졌다. 기도할수록 내 안에 부어 주시는 사랑은 결국 나의 두려움을 이기고야 말았다.

입양이 가능한 나라들을 알아보던 중에 조지아에서 소식이 왔다. 조지아는 소련의 해체로 독립하게 된 인구 400만 명의 작은 나라다. 출장 중에 사진을 여러 장 받았는데, 그중에 한 아이를 보면서 바로 내 딸이구나 하는 마음이 들었다. 그런데 신기하게도 다른 가족 모두 그 아이를 마음에 두고 있었다는 것이다. 아이를 보는 순간, 감당 못 하겠다고 울던 나의 저항은 온데간데없이 사라졌다. 그렇게 세 살 난 에스더가 우리 집에 오게 되었다.

에스더는 선천적 기형으로 태어나 오른쪽 다리에 종아리가 없고 발이 무릎에 붙어 있는 채로 태어났다. 발가락도 일곱 개였고, 눈은 사시가 심했다. 그의 친어머니는 에스더가 태어나자마자 장애가 있는 것을 알고 고아원에 보냈다고 한다. 우리는 우선 에스더의 불편한 다리를 수술해 주기로 했다. 절단 수술 후에 의족을 만들고, 무릎에 붙어 있던 발은 떼어 내 왼쪽 발가락을 다섯 개로 만들어 주었다. 그리고 돌아간 양쪽 눈도 수술해 주었다. 아직 수술 과정이 남아 있지만 에스더는 분명 조금씩 좋아져 가고 있다.

한 가지 안타까운 것은, 야곱과 에스더와 같은 아이들은 태어나자마자 버려지는 유기 경험을 너무 이른 나이에 하기 때문에 비록 고아원 생활은 얼마 하지 않았더라도 부모와 자녀가 마땅히 가져야 할 친밀감이나 사랑의 공감대가 없었다. 나는 그것이 몸의 불편함보다 더 큰 장애라고 생각했다. 그래서 뇌성마비로 힘든 몸을 치료해 주듯이 마음의 장애도 함께 낫게 해주고 싶었다.

우리 부부는 아이들에게 새로운 부모가 되어 뒤늦게나마 그 사랑의 울타리가 되어 주고자 애썼다. 하지만 밝아진 모습 속에 여전히 마음의 빈자리가 느껴졌다. 그럴 때마다 사랑을 받을 줄 모르는 것 같은 그 모습에 너무도 속상하고 안타까웠다. 어느 날은 하나님도 나를 보실 때 이런 마음이실까 싶어 회개의 밤을 숱하게 보내기도 했다. 다만 장애를 다루는 사람

사랑으로 길을 내다

으로서 발견한 것은, 분명 변화는 있다는 것이다. 그저 천천히 달라지고 있을 뿐이다. 그리고 그 '천천히'가 지극히 정상이라는 것이다.

북한에서 다섯 아이를 키우는 일은 쉽지 않다. 그러나 이 아이들 덕분에 나는 진지한 회개와 새로운 삶의 이유들을 발견할 수 있었다. 무엇보다 장애 아이를 키우는 부모의 입장이 되어 보니 현실 앞에서 연약해지는 내 모습을 보면서 북한의 부모들이 갖는 마음은 어떠할까 짐작되었다. 하나님과 나의 관계를 돌아보며 더욱 그분 앞에 머물게 하셨다. 하루 종일 치열하게 싸우고도 다음날이면 겸손히 감사기도가 나오게 되는 것은 사랑의 힘이다. 그 사랑의 힘이 이 어려운 일들을 가능하게 만들어 감을 매 순간 깨달았다. 자녀는 하나님이 주신 선물이라고 했는데, 나는 얼마나 귀한 선물을 받은 것인가. 입양을 통해 신앙적, 인격적으로 성장하고, 아울러 부모로서의 삶의 깊이를 배워 가게 되었으니 축복이 아니고 무엇이겠는가.

아이들을 기르면서 이제는 장애 아이를 키우는 부모의 입장에 서 있을 수 있게 되었다는 것이, 그 부모들과 마음을 함께 나눌 수 있게 되었다는 것이 감사했다. 병원을 찾아온 부모들은 자신들이 겪고 있는 문제가 자신만의 것이 아니라는 사실에 동질감을 갖기 시작했다. 의사 선생의 자녀도 내 아이와 같다는 사실에 마음의 거리를 좁혀 주었다. 우리는 보다 인간적인 소통과 위로의 시간을 보내게 되었다.

나는 이 아이들과 함께 살아갈 수 있는 그 길을 반드시 찾아 주고 싶다. 비록 시간이 걸리더라도 계속해서 말할 것이다. "이 아이들은 소중한 존재입니다. 이 아이들은 치료를 계속해야 합니다"라고 말이다. 내가 북한에서 하고 싶은 일이 바로 이것이다. 치료의 영역을 넘어, 이 사회가 장애에 대한 인식을 새롭게 받아들이도록 하는 것이다. 이 아이들이 얼마든지 사회의 일원으로 살아갈 수 있음을 보여 주고 싶고, 그런 사회를 함께 만들어 가고 싶다.

거짓에는 진실함으로, 미움에는 사랑으로

우리가 싸워야 할 대상은 누구인가? 그것은 이곳 사람들이 아니다. 진짜 싸움은 따로 있다. 바로 보이지 않는 영적 세력들과의 치열한 전쟁이다. 이 사실을 놓치면 애먼 것에 매달려 쓸데없이 에너지를 낭비하게 된다. 하지만 알면서도 보이지 않기에 우리 시선은 자꾸만 사람에게로 향한다. 그런데 나는 이곳에서 그 영적 세력의 존재를 실체적으로 경험한 적이 있었다.

2011년 12월 17일, 북한 최고지도자의 국상으로 온 나라가 깊은 슬픔에 잠겨 있었다. 그때 나는 외국 귀빈 자격으로 초청을 받아 조문객으로 평양에 들어가게 되었다. 당시 김대중 대통령의 부인 이희호 여사도 가족들과 함께 참석했고, 통일교 교주인 문선명 씨의 아들도 참석했다. 나는 그들과 함께 움직였다.

나는 24일쯤 평양에 들어갔는데, 다음날이 마침 성탄절이 었다. 함께 갔던 공동체 형제와 나는 둘이서라도 성탄 예배 를 드리기 위해 호텔 방에 모였다. 우리는 마태복음을 펴 놓 고 1장부터 읽어 내려갔다. 그러면서 주님의 오심을 생각하 며 북한 안에 있는 영적 세력과 견고한 진을 놓고 함께 기 도했다.

예배를 마친 뒤 나는 잠시 창밖을 바라보았다. 그런데 그 순간 깜짝 놀랐다. 우리가 머문 고려호텔 방이 20층이 넘는 곳이었는데 창밖에 한 형상이 보였다. 사람의 모습 같다고는 할 수 없지만 선명하게 보이는 형상이 이곳을 가득 메우고 엄 습해 오는 것 같았다. 나는 순간 그것이 그저 추상적으로만 알고 있던 견고한 진이라는 사실을 한순간에 깨달았고, 허공 에 운행하고 있다는 것을 알았다. 그것은 강하고 큰 두려움으 로 다가왔다. 마치 성령을 경험할 때 우리의 온 감각으로 느 낄 때가 있는 것처럼 그날의 영적 경험도 마찬가지였다. 처음 으로 마주한 그 실체 앞에서 내 모습이 반사되는데 마치 창문 에 붙어 있는 파리와 같았다. 그 견고한 영이 엄지손가락으로 꾹 누르면 나는 그냥 맥없이 죽임을 당할 수밖에 없는 존재라 는 사실이 나의 피부와 온 감각으로 전해져 왔다. 그리고 이 런 영적 실체는 며칠 동안이나 계속해서 나타났다.

사랑으로 길을 내다

이날의 영적 경험은 나에게 또 하나의 큰 전환점이 되었다. 북한을 잡고 있는 것은 사람이 아닌 악한 영이었다는 사실을 마주한 것이다. 집에 돌아온 나는 아내에게 지금 당장 한국으로 가야겠다고 말했다. 내가 본 영적인 것을 형제들과 나눠야겠다는 생각에 박종순 목사님을 찾아갔다. 그때 목사님은 함께 기도할 사람이 필요한 것 같다고 말해 주었다. 그때부터 나는 교회들을 두루 다니며 기도하는 성도들을 만나 내가 경험한 견고한 진, 어둠의 영들에 대해 나누었다. 2주 동안 제대로 자는 날이 없었다.

그런데 이 기간 동안 한국에 있으면서 알게 된 것은 내가 북한에서 본 그 영이 한국 교회에 똑같이 들어와 있다는 것이었다. 우상숭배의 영, 교만과 용서하지 못하는 영, 분리의 영, 두려움과 세속주의가 다 들어와 있었다. 우리가 북한에 존재하는 영들이라고 지목했던 그것들이 대한민국 교회 안에 모조리 들어와 있는 것을 보면서 나는 엄청난 충격을 받았다.

그동안 한국교회의 협력으로 북한이 변화받아야 한다는 패러다임을 갖고 있던 나의 생각은 완전히 바뀌었다. 지금 북한이 안고 있는 문제는 북한만 변화되어서 좋아질 것이 아니다. 남한의 교회가 같이 회개하고 회복되어야 한다. 이런 어둠의 영이 우리를 지배하고 있음을 인정하고, 철저하게 그리스도의 모습만이 드러나도록 한반도 전체가 변화받아야 한다는 것을 깨달았다. 이것은 어느 한 사람이 잘해서 되는 일이 아니다. 우리 모두의 일이다.

우상숭배란 단지 우상에 절하고 표적을 지니는 것만이 아니다. 우리 삶 속에 하나님 외에 다른 것을 우선순위에 두었다면 그것이 무엇이든 우상에 해당한다. 오늘날 한국 사회뿐 아니라 심지어 교회에서도 나타나는 우상숭배의 모습은 경제적인 부와 안정, 사회적 지위와 명예를 얻는 삶에 대해 가르치고 있다는 점이다. 이 강력한 진이야말로 한반도를 분열시키고 있는 뿌리 깊은 원인이라는 생각이 들었다. 나는 기도하며 한반도 안에 드리워진 영적인 견고한 진을 부수기 위해서는 하나님의 기름 부으심이 있어야 한다는 것을 더욱 깨달았다.

나는 영적 전쟁의 실체를 알고 난 후 어떤 모습으로 대적해야 할 것인가를 생각했다. 언젠가 북한 사람들과 싸우다가 나도 모르는 사이에 전투적이 되어 버렸던 경험이 있다. 그때 뼈저리게 깨우쳤던 것이 있다. 영적 전쟁이 치열할수록 우리 안에서는 그리스도의 성품, 성령의 열매가 나타나야 한다는 것이다. 우리는 사탄이 어떤 모습으로 나타나 사람들의 눈을 멀게 하고 하나님과 멀어지게 하는가를 알아낸 다음 철저하게 그것과 반대되는 모습으로 살아야 한다.

예를 들어 우리가 우상숭배를 대적할 때는 진정으로 예배하는 삶을 살아야 한다. 그래야 우리 안에 있는 우상숭배의 영이 물러간다. 곧 우리 안에 하나님을 향한 예배자의 흔적이

사랑으로 길을 내다

있으면 우상숭배는 없어지는 것이다. 마찬가지로 우리가 철저하게 형제자매, 주위 사람들과 연합할 때 우리 안의 분리의 영은 사라진다. 그렇다면 교만은 어떠한가. 기독교인으로서 교만의 영에 맞서려면 그에 반대하는 겸손의 영으로 나아가야 한다. 이것이 내가 배운 지혜다. 견고한 진들을 정면으로 대적하기보다는 이렇게 반대되는 영들로 맞설 때 우리는 이길 수 있다.

우리 팀은 2012년 북한에서 개최한 기념행사에 초대를 받아 평양을 방문한 적이 있었다. 그때 국내외 많은 팀이 행사에 참석했다. 우리는 행사가 끝난 뒤 여기저기 버려진 쓰레기들을 자발적으로 줍고 청소했다. 공동체 젊은 청년들은 노인들을 만나면 달려가 짐을 들어 드리고 부축해 드렸다. 그곳에 머무는 동안 우리는 사랑과 겸손으로 나아갔다.

방문을 마치고 돌아갈 무렵 북측 관계자가 우리 팀에게 와서는 자신들이 초대했던 팀 중에 최고였다고 말해 주었다. 우리 팀 모두가 한마음으로 연합되어 있는 걸 보고 그렇게 느꼈다고 했다. 우리는 전혀 의도하지 않았다. 이런 칭찬을 듣고자 한 것도 아니었다. 우리가 기독교인임을 일부러 드러내려고 노력한 것도 아니었다. 그저 우리 안에 있는 북한을 향한 사랑의 마음이 자연스럽게 흘러나온 것뿐이었다. 하나님께서는 우리를 통해 스스로의 모습을 그들 가운데 나타내셨던 것이다.

하나님의 영광이 머무는 곳에는 어두움이 저절로 물러간다. 빛과 어두움은 공존할 수 없기 때문이다. 그리스도의 사랑을 사람들에게 나타낼 때 북한을 사로잡고 있는 영적인 견고한 진들은 사라지게 될 것이다.

그러므로 우리가 해야 할 일은 견고한 진들에 반대되는 영으로 다가서는 것이다. 용서와 사랑으로, 겸손과 신뢰의 영으로 이 나라를 축복하는 것이다. 그때 하나님의 영광이 어두움을 빛으로 바꾸실 것이다. 하나님은 남한과 북한, 이 사랑스러운 한반도 전체를 치유하고 회복시키실 것이다.

우리가 하는 씨름은 결코 혈과 육에 있는 것이 아니라 하늘에 있는 악의 영들을 상대하는 것이다(엡 6:12). 우리가 지금 무엇과 싸우고 있는지를 결코 잊어서는 안 된다.

사랑으로 길을 내다

북한에서 기독교인으로 산다는 것

　나는 북한에서 봉수교회에 출석하고 있다. 북한에 들어온 크리스천 외국인들은 거의 이 교회에서 모인다. 보통 북한에서는 교회에 다니면 안 된다고 생각하는데, 북한 헌법에는 종교의 자유가 있다. 하지만 북한 사람들에게 기독교는 미국의 종교이기 때문에 기독교를 믿는 것은 미국을 숭배하는 것처럼 여겨져 배척당하는 것이다. 비록 정치적인 면에서는 부정적 시각이 있지만 기독교 신앙을 가진 외국인이 오면 개인들의 신앙을 위해 드리는 예배는 보장해 주고 있다.

　내가 북한에 왔을 때 지도원들은 기독교인인 내가 예배를 드릴 수 있도록 봉수교회로 보내 주었다. 북한에서 인정하는 공식 교회이지만 국가가 보여 주기 식으로 만들어 놓은 교회

라고 비판하는 사람들도 많다. 가짜 교회라고 말이다. 나에게
도 그런 마음이 없지 않았다. 그런데 어느 순간부터 그곳에서
은혜를 경험하기 시작했다. 1대 봉수교회 목사님이 돌아가시
고 새롭게 젊은 목사님이 부임해 왔다. 그분의 입에서 복음이
선포되었다. 성령강림주일이었는데, 그날의 메시지는 참으로
은혜였다.

"우리가 다 함께 성령 받기를 기도합시다. 그래서 우리에
게 부탁하신 세상 끝날까지 주님의 증인이 되라는 주님의 가
르침을 지켜 냅시다. 여기에 온 외국인들은 다 그렇게 성령을
받고 우리에게 사랑을 나누기 위해 온 것 아닙니까? 우리도
이웃에게 가서 그렇게 합시다."

나는 이런 설교가 봉수교회에서 나올 줄 몰랐다. 비록 앉혀
놓은 성도, 정부가 세운 목사라 할지라도 이 교회에서도 주의
말씀이 선포되고 있으며, 하나님은 이것을 통해서도 일하신
다는 것을 믿는다. 바울도 순수하지 못하게 복음을 전파한 사
람들을 두고 말하지 않았는가.

"그러면 무엇이냐 겉치레로 하나 참으로 하나 무슨 방도로
하든지 전파되는 것은 그리스도니 이로써 나는 기뻐하고 또
한 기뻐하리라"(빌 1:18).

어떻게 이런 교회에서 은혜가 있을 수 있는가 반문할지도
모른다. 그러나 큰 교회라고, 좋은 교회라고 매번 은혜가 있
던가? 하나님이 은혜를 주시면 그때가 은혜받을 때이며, 마

사랑으로 길을 내다

음 밭을 기경하고 마음으로 말씀을 취하면 그때가 은혜의 순간이다.

북한에서 오랫동안 사역한 한 장로님이 내게 해준 이야기가 있다. 빨치산 항일유격을 했을 당시 같이 독립투쟁을 했던 많은 사람이 기독교인이었고, 그 자녀들 중 지금 주요 간부가 된 이들이 많다고 했다. 그분 이야기로는 평양시에서 생활기록부에 자신들의 선조, 그리고 자신의 종교란에 기독교인이라고 밝힌 사람이 약 3천 명이었다고 한다. 봉수교회를 세우고 교회에 다닐 사람을 뽑아야 하는데 아무런 관계가 없는 사람을 앉혀 놓을 수는 없기에 그 사람 중에서 데려온 것이라고 했다. 즉 그들은 국가적으로 검증된 사람들이며 또한 선조가 기독교인이었던 간부 은퇴자들이었다.

정말 그 장로님의 이야기가 맞다면 이 교회에 오는 북한 사람들은 어떻게 보면 기독교의 뿌리를 갖고 있는 셈이다. 내가 보니 그들은 항상 똑같은 자리에 앉았다. 그리고 일찍 와서 성경책을 읽고 있었다. 그곳에 앉아 있는 북한 사람들이 이후 한 사람 한 사람 참으로 존귀하게 보였다.

어느 날 교회에 앉았을 때 성령께서 뜨거운 마음을 부어 주셨다. 평양에서 예배를 드리고 있는 나를 보았다. 그리고 1907년의 평양이 머릿속에 그려졌다. 당시 하나님의 영이 전 세계를 놀라운 방식으로 휩쓸었고, 평양에서는 거대한 부흥이 일어났다. 동방의 예루살렘으로 불리며 북쪽 지역에는 많은 기독교인들이 생겨났다. 수많은 사람이 무릎을 꿇고 자신들 죄를 회개하며 그리스도 앞에 나왔다. 그 부흥으로 한반도 교회는 엄청난 성장을 이루었다. 오늘날에도 북한은 평양이 한국 기독교 운동의 진원지임을 인정하고 있다.

나는 그 땅 한가운데서 예배를 드리고 있는 것이다. 오래전 많은 성도의 눈물과 기도가 배인 곳이 아니던가. 나는 주님이 여전히 이 땅을 버리지 않고 사랑하고 계심을 느낀다. 나는 봉수교회 목사님의 설교처럼 북한이 성령을 경험하고 그것으로 기뻐하기를 바란다. 하나님의 영광이 다시 한번 한반도 전역에 뜨겁게 회복되기를 바란다.

나는 무엇보다 이런 역사를 가진 땅에 살면서 북한 사람들이 갖고 있는 기독교에 대한 오해를 보며 늘 안타까웠다. 하지만 이곳에서는 복음을 전할 수 없으니 나는 정말로 기독교가 무엇인지 알게 하는 것은 내 삶으로 실천하며 보여 주는 일밖에 없다는 생각이 들었다. 그래서 어떻게든 그리스도의 복음을 살아 내고자 몸부림쳤다.

하루는 봉수교회에서 예배를 마치고 나오는 길이었다. 그때 미국에서부터 알고 지내던 나이 지긋한 지인이 나를 보더니 갑자기 큰소리로 "어이, 윤 선교사 잘 있었어?" 하고 인사를 했다. 나는 깜짝 놀랐다. 나를 아는 사람은 북한 안에서 선교사라는 표현을 전혀 하지 않는다. 괜한 오해를 살 수 있기 때문이다. 또한 북한 사람들은 선교사라는 단어를 미제국주

사랑으로 길을 내다

의의 앞잡이라는 의미의 매우 민감한 정치적 용어로 받아들인다. 그날은 주위에 북한 사람들도 있었고 지도원들도 많았다. 그런데 다들 들으란 듯이 큰소리로 이야기하니 나는 너무도 당황스러웠다. 갑자기 왜 저러는 걸까 의아해하면서도 한편으로는 주변에 있는 북한 사람들이 다 들었으니 혹시라도 무슨 일이 생기는 건 아닐까 싶은 마음에 심장이 내려앉는 것 같았다.

아니나 다를까 다음날 아침 출근을 하려는데, 지도원이 오더니 오늘은 병원에 가지 말고 하루 쉬면서 자기와 산책이나 가자고 했다. 나는 영문도 모른 채 따라나섰다. 그는 산책을 하면서 나에게 이런저런 질문을 했다. 북한엔 왜 왔는지, 나를 도와주고 있는 이들은 누구인지 같은 질문들이었다. 이상했다. 이런 내용들은 내가 처음 북한에 들어올 때 모두 써서 제출한 적이 있기 때문이다. 그들도 다 알고 있을 텐데 다시 물어보는 것이 뭔가 심상치 않아 보였다. 그런데 이런 식으로 며칠째 병원도 못 가게 하고 나를 이곳저곳으로 데리고 다니며 강도 높은 질문들을 하면서 심문 아닌 심문을 계속했다. 그러더니 드디어 정색을 하고 내게 물었다.

"단도직입적으로 묻겠습니다. 윤 선생, 선교사죠?"

나는 그제야 그날의 분위기가 매우 심각했다는 것을 알았다. 잘못하면 무슨 일이 벌어질지도 모른다고 생각하니 짧은 순간에 수많은 생각들이 지나갔다. 그런데 그 순간, 성령께서 나의 마음 가운데 이번에야말로 이 사람들에게 기독교에 대해서 제대로 말해 주어야겠다는 생각이 들게 하셨다. 그래서 나는 반대로 그에게 질문했다.

"선생님이 말하는 선교의 단어와 내가 알고 있는 선교의 단어가 서로 해석이 다르면 대답을 하나마나 아니겠습니까? 그러니 서로의 단어부터 일치시키도록 하십시다. 먼저 선생님께서 알고 있는 선교의 단어부터 그것이 무슨 의미인지를 말해 주면 내가 아는 선교의 의미에 대해 이야기해 주겠습니다."

그랬더니 그는 열을 올리면서 자신이 알고 있는 선교에 대한 이야기를 풀어놓았다. 그의 말인즉 이랬다. 과거 선교사들이 한 짓을 보면 식민지 시대 원주민들을 다 죽이는 군대의 길잡이였다는 것이다. 그는 기독교의 뼈아픈 역사를 다 알고 있었다. 그러면서 그는 6·25전쟁 때 발견된 미군들의 유해에서 성경책들이 발견되었다면서, 기독교인들은 명분과 허울 좋은 모습으로 포장하고 이 나라에 들어와서 사람들을 다 죽였다고 말했다. 그것이 당신들이 말하는 기독교가 아니냐고, 그것이 선교사가 하는 일이 아니냐고 흥분하며 이야기를 쏟아 내었다.

나는 그의 이야기가 참으로 슬프게 들렸다. 진정한 그리스도의 복음을 모른 채 북한에서는 이렇게 과거 식민주의 시대에 개입했던 기독교를 보며 서구 제국주의의 지배세력과 동일시하고 있었다. 그의 말을 듣고 나니 문득 존 파이퍼 목사가 말한 선교에 대한 정의가 생각이 났다. 그는《열방을 향해 가라》(Let the nations be glad)에서 "교회의 궁극적인 목표는 선교가 아니라 예배이며, 선교가 존재하는 이유는 예배가 존재하지 않기 때문이다"라고 했다. 나는 이 이야기를 지도원에게 하면서 덧붙여 내가 이곳에 온 이유는 마태복음 22장에 하나님을 사랑하고 이웃을 사랑하라는 말씀 때문이었다고 말해 주었다.

나는 지도원에게 존 파이퍼 목사님의 이름을 써주며 나중에 그가 말한 선교의 정의를 한번 찾아보라고 알려 주었다. 그리고 다음과 같이 이야기해 주었다. "선교사의 궁극적인 목표는 예배가 없는 곳에 예배를 회복시키는 사람이다. 나는 그가 말하는 선교학적 접근을 따르는 사람이다. 만약 나에게 선교사냐고 묻는다면, 이런 관점에서 볼 때 나는 맞다. 예배가 없는 곳에 와서 예배를 드리고 하나님을 사랑하고 이웃을 사랑하는 것이 나의 목적이며 그것이 나의 선교의 해석이다. 우리는 전능하신 하나님을 믿는데, 그 하나님이 우리의 예배를 기뻐하셔서 이 땅을 어떻게 축복하실 것인지는 하나님의 손에 있는 것이지 내가 할 수 있는 것은 아니다. 또 나와 우리 공동체 식구들이 예배를 드려야 한다고 말하면 지도원 선생들이 직접 운전해서 우리를 봉수교회에 데려다주지 않았는가? 그뿐 아니라 교회에 가지 못할 때는 숙소에서 예배를 드리는 것을 허락해 주었으며, 나와 우리 아이들이 집에서 매일 아침 가정 예배를 드리는 것을 다 알고 있지 않는가? 이렇게 나는 기독교인으로서 이곳에 예배가 회복되는 것이 진정한 선교라고 생각한다"고 그 지도원에게 설명해 주었다.

그는 내 말을 하나하나 모두 기록했다. 그러고는 밖으로 나갔다가 한참 뒤에 오더니 이렇게 말했다.

"윤 선생, 듣고 보니 그건 참 좋은 선교네요."

그리고 그날 저녁, 나를 조사했던 팀의 국장이 찾아왔다. 그는 나에게 잘못된 것은 없으며 앞으로 선교라는 두 글자 때문에 어려움을 당하는 일이 없도록 하겠다고 말했다. 그의 말에 나는 너무도 놀랐고 감사했다. 위험할 수도 있었지만 이들에게 진정한 선교의 의미를 나눌 수 있는 기회를 주셨던 것에 하나님께 감사했다.

북한에서는 대다수가 기독교인을 나쁜 사람으로 인식하고 있다. 기독교가 자신들의 체제를 전복시키고자 한다고 여기기 때문이다. 나는 함께 일했던 북한 사람들에게서 기독교인이 나쁜 사람이 아니라는 걸 알게 되었다는 이야기를 많이 들었다. 나는 그때마다 이곳에서 엄청난 프로젝트를 하는 것보다 그들의 생각 속에서 기독교인의 존재가 부정적인 인식에서 벗어날 수 있게 해주는 것만으로도 매우 중요한 일을 하고 있다고 여기게 되었다. 어쩌면 나의 역할은 기독교에 대한 오해를 잘 풀어 주고 화목하게 하는 일이라는 생각이 들었다.

사랑으로 길을 내다

나는 우리가 믿는 하나님이 그들이 알고 있는 것처럼 정치적 하나님이 아니라는 것을 알려 주고 싶었다. 이념을 떠나 예수 그리스도의 마음이 닿기를 바랐다. 이 생각을 하다 보니 나는 이곳에서 살면서 앞 통수 뒤통수가 모두 따가웠다. 한국에서도 마찬가지 아닌가? 믿지 않는 사람들은 더 날카로운 잣대로 기독교인들을 지켜보고 있지 않은가? 북한에서 기독교인으로 산다는 것은 말이 아닌 삶으로 그리스도의 향기를 드러내야 하는 일이다.

　나는 이 땅에 거주하며 예배가 없는 곳에서 참된 예배자로 살아 가기 원한다. 삶의 예배를 드리면서 말이다.

존중받고 싶은 대로 남을 존중해야 한다

내가 나선에 있을 때, 겨울이면 지도원들과 작은 화로 앞에 옹기종기 모여 꽁꽁 언 손과 발을 쬐면서 녹이곤 했다. 가끔 그 시절이 생각난다. 북한에 외국인이 오면 지도원이 배정된다. 보통 한두 명 정도인데, 어딜 가든 항상 이들이 안내하고 동행한다. 감시자(?)라는 측면으로 비춰지지만 우리 입장에서는 행정적인 것부터 필요한 것들을 모두 해결해 주는 분들이니 행정 참모 정도로 인식하면서 살고 있다.

우리 같은 장기 거주자들은 한번 지도원이 배치되면 수년씩 함께하기도 한다. 짧게는 1-2년, 길면 5년 정도를 같이 생활한다. 우리 팀과 함께하는 지도원들은 고생도 같이 했다. 시골에 식량과 의료물자를 나눠 주러 다닐 때면 함께 타고 가던 승합차가 꽁꽁 언 냇가를 건넜는데, 한번은 얼음이 주저앉으면서 바퀴가 박혀 오도 가도 못하는 신세가 된 적이 있다. 그때 논두렁 근처에 불을 피우고 덜덜 떨며 함께 추위를 녹였다. 눈이 많이 올 때는 차 안에서 이틀간 꼼짝없이 갇혀 있기도 했다. 한번은 수도관 공사를 하느라 2주간 물이 나오지 않았는데, 이때 지도원 한 분이 평양에 있는 보통강에서 물을 길어다 주어 겨우 생활할 수가 있었다.

그러다 보니 우리는 지도원들과 가족처럼 친밀해졌다. 한 지도원은 우리 아이들과도 잘 어울렸고, 자신을 큰아버지라고 부르도록 했다. 또 어떤 지도원은 매번 명절마다 선물로 북한의 해산물을 우리 가족에게 챙겨주곤 했고, 우리 팀이 북한 내에서 일할 만한 자격을 갖추었다는 것을 정부 측에 보장해 주기도 했다. 지금은 함께 일하고 있지 않지만 다른 곳으로 떠난 지도원 중에서 아직까지 우리의 가장 가까운 친구로 남아 있는 이들도 있다.

내가 이곳 사람들과 친해진 건 북한에 무언가를 해주었기 때문이라고 생각지 않는다. 그런 것이라면 오히려 환심을 사려는 건가 싶어 더 의심의 눈초리로 보았을 것이다. 그보다는 이 사람들과 13년을 살면서 함께 고생을 견뎌 냈고, 부대끼며 일했던 삶의 현장이 있었기 때문이라고 생각한다. 처음엔 저 사람이 왜 이곳까지 왔나 의심스러웠을 테고, 시간이 지나서는 힘든데 왜 안 가고 저러고 있나 이상했을 테고, 그것이 1년, 2년 계속되니 그들도 우리를 받아준 것이 아니었을까?

내가 평양의학대학 교수로 부임하면서 우리 가족은 그동
안 살던 나선을 떠나 평양으로 이사했다. 나선과는 전혀 다른
평양에서의 생활이 모든 면에서 낯설었지만 친구가 된 북한
동료들의 도움으로 여러 가지 어려움을 극복할 수 있었다.

우리 가족은 평양에 와서 처음엔 보초가 삼엄한 서재골 특
별초대소에서 홀로 떨어져 살았다. 이웃은 물론 외부 사람은
전혀 만나지 못했고, 병원과 집이 활동할 수 있는 범위의 전
부였다. 지도원을 동반하지 않고는 사는 곳을 떠날 수도 없
는, 철저히 고립된 생활을 해야 했다. 우리 아이들은 함께 놀
친구도 없었다. 자유가 있으나 전혀 자유롭지 못했다. 그러다
보니 우리 가족은 정신적으로 너무 힘들었다. 4년을 마치 가
택구금을 당한 것처럼 보내야 했다. 그러다 우리 안내가 한계
에 이르렀다. 견디다 못한 우리는 평양 문수동에 있는 외교관
촌으로 이사할 수 있게 해달라고 지도원에게 매일 간청했다.

외교관촌은 일단 외국인 학교가 있어 아이들이 학교에 다
닐 수도 있고, 가게와 식당도 있으니 그나마 숨통이 트일 것
같았기 때문이다. 물론 외교 업무의 직책을 갖지 않은 사람이
외교관 거주구역으로 옮겨 달라는 것은 경우에 맞지 않는다
는 것은 알지만, 우리는 어떻게든 이곳을 벗어나고 싶은 마음
에 매달릴 수밖에 없었다. 우리는 3년을 같이 지낸 지도원에
게 통사정을 했다.

　　　　　　　　　　　사랑으로 길을 내다

그런데 얼마 후 지도원이 와서는 자신이 알아보고 신청했지만 공식적으로 안 된다는 연락을 받았다고 전해 왔다. 우리에게는 그런 자격이 없기 때문이라는 것이다. 그 소식에 우리는 너무도 실망했다. 북한에서의 사역은 여기까지인가를 심각하게 고민할 정도였다. 그런데 이틀 후 지도원이 급하게 다시 찾아왔다. 그는 갑자기 승인이 떨어졌다면서 우리에게 빨리 이삿짐을 싸라고 했다. 우리는 갑자기 이게 어떻게 된 일인가 싶어 어안이 벙벙했지만 일단은 시키는 대로 했다.

나중에 지도원의 상관으로부터 자초지종을 듣게 되었다. 이사가 거부됐다는 통지를 받은 날 지도원이 우리 몰래 장문의 편지를 써서 상부에 보냈다고 한다. 그는 우리가 평양에 살면서 고생한 것을 누구보다 잘 알고 있었고, 우리가 북한에서 어떤 마음으로 일하고 있는지를 잘 이해하고 믿어 주었다. 그랬던 그가 우리를 대신해 이사를 꼭 할 수 있게 해달라는 진정서를 써 낸 것이었다.

사실 외교관촌에는 북한에 대사가 파견된 나라의 사람들만 사는 곳인데 미국과 북한은 외교 관계가 좋지 않아 미국인 신분인 우리가 들어갈 수 있는 자리는 없었다. 그런데 그가 보낸 편지가 입주 여부를 결정하는 담당관들의 마음을 움직였고, 놀랍게도 결정이 번복되는 일이 생긴 것이다. 이렇게 해서 우리는 평양 내 외교관 거주 지역에 살게 된 최초의 미국인 가족이 되었다. 이 일은 북한에서 70년 만에 처음으로 일어난 일이라고 했다.

　이 사실을 알고 우리는 그에게 얼마나 고마웠는지 모른다. 이것은 순전히 우리의 친구가 되어 주었던 지도원 덕분에 가능했다. 그가 자신의 일처럼 발 벗고 나서 주지 않았더라면 우리는 아직까지도 그 철창 없는 감옥 같은 곳에서 살고 있었을지 모른다. 북한 사람들은 강철같다고만 생각했는데, 칼로 찔러도 피 한 방울 안 나올 것 같은 사람들이라 여겼는데 삶의 현장에 들어와 보니 이런 고정관념은 조금씩 사라져 갔다. 아마도 우리를 만난 그들도 마찬가지가 아닐까 생각한다. 겪어 보니 북한 사람들은 마음과 마음이 통하는 관계를 매우 중요하게 생각한다. 그래서 그들이 외국인을 신뢰하기까지는 많은 시간이 걸린다. 하지만 한번 관계가 형성되면 그들은 친구를 위해 기꺼이 어려운 일을 감수한다.

　사람들이 나에게 북한에서 어려운 협상들을 어떻게 해왔느냐고 물어보면 농담 반 진담 반으로 하는 말이 있다. 나는 정말 중요하고 어려운 협상은 목욕탕에 같이 가면 풀 수 있다고 말한다. 이건 사실이다. 북한의 지도원들과 목욕탕에 가서 벗은 몸으로 있어 보는 것이다. 그러다 보면 서로의 가정사를 말하게 되고 사는 이야기를 꺼내게 된다. 그런 이야기들을 나누고 나면 너나 할 것 없이 산다는 것은 다 어느 정도 고되고 어려운 일임을 공감하게 된다. 나는 이렇게 그들과 옷을 벗은 만큼 선입견을 벗으며 조금씩 신뢰를 쌓아 갔다. 그들은 농담

　　　　　　　　　사랑으로 길을 내다

조로 내가 목욕탕에 가자고 하면 가슴이 철렁한다고 말한다. 또 어려운 문제가 있구나 하고 생각한다는 것이다. 이렇게 목욕탕에서 만들어진 신뢰는 돈으로는 절대 살 수 없는, 그 어떤 것보다 끈끈한 것이었다.

그들은 우리가 공동체 안에서 싸우는 것도 보았고, 부부 싸움하는 것도 다 들었을 것이다. 때때로 아내와 내가 자녀에게 화가 머리끝까지 나서 목청을 높여 혼낸 적도 있었는데, 그 소리도 모두 들었을 것이다. 그리고 어떻게든 이곳에서 살아보려고, 힘들어도 다시 일어나려고 몸부림치는 애처로운 모습도 보았을 것이다.

어떻게 신뢰를 갖게 되는가 묻는다면, 그것은 주님이 우리의 모습을 있는 그대로 받아 주었듯이 그들의 특성과 배경을 있는 그대로 이해하고 받아 주는 것이다. 북한 사람들에 대한 이해가 깊어질수록 같이 하는 일에 좋은 결과들이 나타났고, 우리가 먼저 그들을 신뢰할 때 더 깊은 관계로 들어갈 수 있었다.

내가 여기에서 적응해야 했던 것도 있겠지만 그들도 나를 적응해야 했다. 아무리 그리스도인으로 산다지만 나도 어쩔 수 없이 자본주의 교육을 받아 온 사람이 아닌가? 이런 내가 북한에서 힘들었던 만큼 북한 사람들도 우리와 지내며 우리 생각을 이해하고 받아 주기 힘들었을 것이다. 세계관과 해석의 차이가 컸겠지만 그들도 나를 존중하며 어느 정도 감수해 주었다. 놀라웠던 것은 존중이라는 글자를 우리 공동체의 마음에 품고 공부하며 고민하고 그들에게 나아갔을 때 더 많은 사람의 마음을 얻게 되었다는 사실이다. 실수도 있었지만 되돌아보면 선양하나가 북한 안에서 깊은 신뢰 관계를 갖고 일할 수 있었던 핵심이 아니었나 싶다.

그들은 우리가 돈도 없고 아무 배경도 없는 걸 알면서도 우리에게 중요한 일을 맡겼다. 돈이 많다고, 힘이 있다고 잘해 주거나 그렇지 않다고 무시하지 않았다. 마음이 통하는 사람들에게 일을 맡겼고, 그것을 우리와 함께 책임져 주었다. 이것 역시 내 선입견을 깨뜨리는 일이었다.

서로 다른 배경에서 자란 사람을 받아들이는 것은 어려운 일이다. 그러나 서로의 차이를 인정하고 있는 그대로 받아들이는 존중의 자세가 필요하다. 이것은 북한이 아니어도 어디서든 마찬가지가 아닌가? 서로를 존중하는 마음이 생겼을 때 양극화되어 있는 상황이 조금은 거리를 좁힐 수 있지 않을까?

사람은 누구나 존중받고 싶어 한다. 존중받고 싶으면 그만큼 존중해야 한다. 나의 패러다임은 존중이라는 단어를 통해 달라졌다. 한국에서 우리에게 앞뒤 보지 않고 종북, 친북 딱지를 붙이는 사람들에게도 서운한 마음을 내려놓고 그들을 이해하며 존중해야 한다는 마음을 갖게 되었다. 아내는 북한 사람들은 어떤 이들일까 알아가는 과정에서 자신을 발견하게 되었다고 고백했다. 그녀가 그동안 가졌던 그들에 대한 선입견을 내려놓고, 그런 그들을 이해하는 동안 자신에 대한 이해도 넓어졌다고 말이다.

북한 사람들은 종종 나에게 "윤 선생도 우리와 별반 다르지 않습니다"라고 말한다. 가끔씩 우리는 지도원들의 숙소에 가서 라면 하나를 끓여 같이 나눠 먹고, 거기에 밥도 같이 비벼 먹으면서 이런저런 이야기를 나눴다. 그럴 때마다 그들이 하는 말이 있다.

"윤 선생, 남쪽에 가서 이런 말 좀 해주시오. 많지는 않아도 라면 하나 같이 먹을 수 있고 서로 얼굴 보고 시간을 나누는 거, 이게 통일 아닙니까?"

재정은 하나님의 사람들을 하나로 모으는 통로다

   흔히들 북한 사역은 돈이 있어야 할 수 있다고 생각한다.
그래서 처음 사역을 시작하면 재정적 지원을 해줄 단체나 사
람들을 찾아 나선다. 처음엔 나도 그랬다. 물론 어느 정도 재
정이 보장되어야 하는 것은 맞다. 그러나 이곳에 있다 보면
사역은 꼭 돈으로만 되는 일이 아니라는 것을 깨닫는다. 일은
하나님이 하신다. 오히려 하나님의 관심은 사람에게 있다. 돈
이 프로젝트를 만들어 가는 것이 아니라 사람과의 만남을 통
해 하나님께서 하시고자 하는 일들을 이루어 가신다는 것을
수없이 경험했다. 나에게 있어서 재정은 하나님의 사람들을
만나고 서로 하나가 되는 특별한 통로다.
   신발회사를 세우면서 우리의 제일 큰 고민은 재정이었다.

그 당시 우리가 손에 들고 있던 자금은 하나도 없었다. 좋은 조건으로 계약을 맺었지만 아무런 대책이 없었다. '돈도 한 푼 없으면서 어떻게 북한에서 사업을 한다고 저러는 걸까?' 하고 생각한 사람도 있었을 것이다. 내가 믿을 만한 구석은 하나님밖에는 없었다.

2008년 4월쯤이었다. 어느 날 훈춘에서 연길로 가는 버스를 탔는데 옆자리에 한 외국 남성이 앉아 있었다. 그는 자신을 B.T.라는 이름의 미국인 사업가라고 소개했다. 그 역시 북한 나선을 방문하고 돌아가는 길이었다. 나는 반가운 마음에 이것저것 이야기를 나누었다. 그 사이 그는 기독교인이며 사업을 통해 많은 직업을 창출하는 방식으로 북한 사람들을 돕고자 한다는 것을 알았다. 그러나 마땅한 사업을 찾지 못해 그냥 돌아가는 길이라고 했다.

나는 준비하고 있던 신발공장 이야기를 꺼냈다. 그리고 나의 아버지가 한국에서 신발 수출업을 했던 경험이 있다고 설명했다. 이 말을 들은 그는 만약 아버지처럼 사업 경력이 있는 사람이 북한에서 일을 한다면 그걸 믿고 자신이 신발 사업에 투자자가 되고 싶다고 했다. 나는 깜짝 놀랐다. 생각지도 못한 뜻밖의 제안에 어리둥절했다. 더군다나 원한다면 2만 달러(약 2천 300만 원)를 아무 조건 없이 지원해 주겠다고까지 했다. 한 번도 본 적이 없던, 그저 우연히 버스에서 만난 사람이 말이다. 그는 연락처를 내게 주면서 혹시 자신과 함께 일할 생각이면 사업계획서를 보내 달라고 했다.

나는 회사에 들어가자마자 버스에서 있었던 이야기를 아버지와 공동체 식구들과 나누었다. 우리는 그를 파트너로 결정하고 함께 머리를 모아 사업계획서를 만들어 보냈다. 처음부터 너무 크게 규모를 잡으면 투자하지 않을 것 같아서 4만 달러 정도를 계산해 그에게 보냈는데, 얼마 후 그는 이런저런 내역들이 계산되지 않았다면서 추가할 목록을 적어 보내 왔다. 그렇게 한번 서류가 갔다 오면 투자금이 몇 배나 불어 있었다. 우리 수준에서는 그것도 큰 금액이라고 여겼는데 그는 계속해서 계획서의 수정을 요구했다. 이렇게 주고받다 보니 처음에 4만 달러 정도였던 프로젝트 예산이 급기야는 무려 120만 달러, 한국 돈으로 13억 원이 넘게 되었다. 우리는 이것이 정말 가능한 일인가 싶었고, 또한 어떻게 될지 궁금하기도 했다.

그는 이 자금을 계획서대로 모두 투자해 주었을 뿐 아니라 5년간이나 지속적으로 우리 사업을 도와주었다. 이 재정 덕에 우리 팀이 북한에서 머물 수 있게 되었고, 공장이 돌아갔으며, 또한 그와 우리의 바람대로 120명이 넘는 북한 주민들에게 일자리를 만들어 줄 수 있었다. 생각할수록 놀라운 기적이 아닐 수 없다. 그저 단순한 믿음과 부르심으로 시작했던 일이다. 그런데 버스에서 만난 사람으로부터 막대한 규모의 투자금을 받는 과정은 상상할 수도 없던 일이었다. 하나님은 꿈꾸는 자들을 만나게 하시고, 그들과 함께 꿈을 이루어 가게 하셨다.

병원을 건축할 때도 마찬가지였다. 그때 나는 젊었고, 유치원이나 진료소를 짓다 보니 뭐든 지을 수 있을 거라 생각했던 것 같다. 예산은 2억 원 정도로 생각하고 이왕이면 제대로 하고 싶어 우리 공동체를 많이 도와 주시던 미국 교포 출신의 유명한 설계사 지인에게 설계를 부탁했다. 그 결과 상당히 멋진 현대식 건물이 나왔다.

나는 너무 마음에 들었다. 설계사는 돈이 좀 들 거라고 했지만 나는 들면 얼마나 더 들겠나 싶어 평양의학대학에 설계도를 보여 주었다. 그곳에서는 이 정도의 건물이 들어서기만 한다면 두 팔 들고 환영할 일인지라 내 의견을 따르기로 했다. 그런데 공사에 착수하기 위해 중국건설회사에 물어보니 우리 돈으로 15억 원 정도는 필요하다는 거였다. 그제야 정신이 번쩍 들었다. 2억도 배짱을 심하게 부려 본 건데 그 많은 돈을 어떻게 하나 싶었다.

그 무렵 복신이가 치료실이 없어서 집으로 돌아가는 것을 보고, 나는 장애 아이들을 위한 병동을 조금이라도 더 잘 지어 주고 싶은 마음으로 가득했다. 독실도 만들어 주고, 입원실도 호텔처럼 편하게 이용할 수 있도록 짓고 싶었다. 그래서 간호하는 부모들이 병원의 환경 때문에라도 위로와 격려를 받기 원했다. 그래서 설계를 고쳐 3층 건물을 6층으로 바꾸고 규모를 더 확장했다. 돈도 없으면서 병원 규모는 계속 커져 버렸다. 그리고 마침내 38억 원의 재정이 투입된 건물이 탄생하게 되었다. 2억 원도 없던 우리에게 어떻게 이 일이 가능했을까?

당시 관계자들은 정치적으로 안 좋은 상황이었기 때문에 다들 이 시기가 지나기를 기다리자고 했다. 하지만 나는 마음이 급했다. 아이들의 생명 앞에서 더는 미룰 수가 없었다. 그러던 중 2014년 무렵, 미국에 갔을 때 친구들이 내 이야기를 듣고 모금을 하자고 제안했다. 경제적 여유가 있는 산호세 실리콘밸리에 있는 친구들이 이벤트를 주최해 주었던지라 나름대로 기대를 하고 갔다. 현장에서 신용카드로 기부할 수 있도록 하는 등 후원의 밤 행사를 크게 마련했다. 50여 명 정도가 모였고, 소위 부유층 2세들도 왔다. 그런데 그날 밤 모인 후원금은 대략 400만 원 정도였다. 기대가 컸던 만큼 충격도, 실망도 컸다.

그때 중국에서 알고 지내던 분이 샌프란시스코에 머물고 있었는데 그는 미국에 온 김에 자신의 집에 잠시라도 들렀다 가라고 나를 초청했다. 그리고 자신이 참석하는 10여 명이 모이는 성경공부 시간에 내가 하는 일에 대해 잠깐 나눠 달라고 했다. 백인 교회라 북한에 대해 별 관심은 없겠지만 10분 정도의 시간은 줄 수 있을 것 같다고 했다.

나는 그의 말대로 주일 소그룹 모임에 참석했다. 그리고 북

사랑으로 길을 내다

한에서 뇌성마비 아이들을 치료하고 있는 이야기를 짧게 소개했다. 아내는 자신이 어떻게 북한에 들어가게 되었는지를 간단히 전했다. 그런데 모임이 끝난 후 한 미국인 남성이 나에게 오더니 무엇이 필요한지 물었다. 나는 처음 만난 사람에게 돈을 달라고 하는 것은 경우가 아닌 것 같기도 하고 질문도 갑작스러워 뭐라고 답해야 할지 몰라 우물쭈물했다. 그는 오늘 밤 잘 생각해 보고 내일 자신의 집에 오라고 하면서 떠났다. 그것을 옆에서 지켜보던 한 사람이 나에게 말하길, 그는 당신이 필요한 모든 것을 줄 수 있는 사람이라고 했다.

아내와 나는 밤새 고민했다. '모르는 사람에게 얼마를 달라고 해야 할까? 우리에게 필요한 금액을 모두 말해야 하나? 말했다가 없던 일로 하자고 하면 어쩌나?' 하고 말이다.

다음날 우리는 그의 집으로 갔다. 그는 포도주를 만드는 양조장이 집 안에 있을 만큼 어마어마한 저택에서 살고 있었다. 그는 의사였고, 불치병 치료약을 개발해서 그 특허로 얻는 수익만으로도 평생을 다 쓰지 못하는 돈을 가지고 있다고 했다. 그 재정의 대부분을 사역을 시작하는 사람들에게 후원하고 있는데, 그날 하나님께서 우리의 사역에도 재정을 흘려보내라는 마음을 주셨다고 했다.

나는 병원을 짓고자 하는 이유와 건축에 필요한 모든 금액을 정직하게 말했다. 그러자 그는 자신이 그 돈을 한 번에 줄 수 있는 능력이 있지만, 이 일은 한 사람의 힘으로가 아닌, 많은 사람이 기도로 참여하는 일이 되었으면 좋겠다고 하면서 한 가지 방법을 알려 주었다. 먼저 그는 우리에게 80만 달러(약 9억 원)를 매칭펀드로 주는데, 후원자를 모집해서 그들이 낸 금액만큼 주겠다는 것이었다. 즉 한 사람이 100달러를 후원하면 거기에 그의 투자금 100달러를 더해 결과적으로 200달러가 후원되는 것이다. 그는 후원자들에게 이 사실을 알리라고 했다. 자신이 후원한 돈이 두 배가 된다고 하면 동기부여가 될 것이고, 그 결과 더 많은 사람이 이 사업에 참여할 거라고 했다.

그의 말을 따라 우리는 한번 도전해 보기로 했다. 그리고 얼마 후 놀라운 일이 일어났다. 재정이 들어오기 시작했다. 그의 말대로 100달러를 후원하면 200달러가 된다고 홍보하니 많은 사람이 기쁨으로 동참해 주었다. 그리고 병원 건축을 위해 함께 기도해 주었다. 우리는 모금한 금액의 두 배의 재정을 얻게 되었을 뿐 아니라 많은 기도 후원자를 만났다. 그리고 마침내 기적적으로 병원 건축을 해 나갈 수 있었다.

버스에서 만난 B.T.는 우리에게 사업을 할 수 있는 훈련을 시켜 주었다. 그리고 미국 샌프란시스코에서 만난 의사를 통해 나는 재정에 대한 새로운 통찰이 생겼다. 그동안 나는 재정을 부어 주시기 위해 사람을 만나게 하시는 줄로 알았다. 초점이 재정에 있었던 것이다. 그러다 보니 돈과 사람이 우상이 되는 유혹들이 많았다. 그런데 그것이 아님을 깨달았다.

우리 사업에 후원해 주는 분들은 단순히 우리의 필요를 채워 주는 사람들이 아니었다. 오히려 하나님이 이 한 사람을 만나게 하시기 위해 우리를 인도해 주신 것이었다.

이렇게 생각과 태도가 바뀌자 나는 사람을 만나는 자세가 확연히 달라졌다. 그전에는 누구를 만나든 '아니면 말고'의 자세가 있었는데, 이제는 오래도록 함께하는 만남이 되도록 애썼다. 혹여 관계가 틀어지더라도 회복하기 위해 노력하면서 그 만남을 유지하는 법을 배워 갔다.

그뿐만 아니라 재정을 대하는 태도 또한 바뀌었다. 재정은 그냥 물질, 돈이 아니었다. 하나님 안에서 재정은 사람들의 마음을 하나로 모으고 함께 기도하게 하는 통로였다. 그리고 마침내 우리를 하나님과 더욱 가까워지도록 성장시키시는 것이 하나님이 재정을 통해 일하시는 은혜의 큰 그림이라는 사실을 깨달았다.

아직 이곳에서 흘릴 눈물이 많다

북한에 온 지 14년이 지났다. 나는 북한에서 산다는 것의 의미는 무엇일까 가끔 생각해 본다. 단지 머물고 있는 연수를 따지는 것은 무의미하다. 더 중요한 것은 얼마나 오래 살았는가보다 이 땅 사람들이 겪는 생사고락을 함께 겪고, 매일의 따분한 일상부터 어느 날의 특별한 일까지 함께하는가 하는 것이다. 그 시간 속에서 내 이웃과 함께 웃고 울며, 아픔과 기쁨을 공유하며 살아가고 있는가 하는 것이다.

북한에서의 시간은 하나님이 우리 가정을 더 단단하고 아름답게 세워 가시는 여정이었음을 고백하게 된다. 북한으로 간다고 했을 때 어떤 분들은 나와 아내를 비난했다. 그곳에 왜 아이들까지 데려가느냐고 말이다. 남들은 자녀들에게 좋은 환경을 만들어 주기 위해 일부러 미국으로 가는데 왜 당신들은 거꾸로 가느냐고 말이다. 그러나 사역자 가정에서 태어난 아내는 부르심은 부모에게만 국한된 것이 아니라 가정 전체에 해당한다는 생각이 확고했다. 북한은 우리 가정에게 주신 사명이기에 고민 없이 온 가족이 함께 들어가는 것으로 결정한 것이었다.

그럼에도 나는 이곳에 왔을 때 부모로서 어쩔 수 없이 드는 생각들이 있었다. 아이들에게 이게 최선인가 하고 말이다. 북한에 들어가자마자 첫 번째 겨울을 보낼 때였다. 셋째가 태어난 지 6개월쯤 되었는데 침실에 물을 떠 놓고 자면 아침에 살얼음이 얼어 있었다. 전열로 난방을 하는 집이라 전기가 귀한 겨울에는 전혀 난방이 되지 않았다. 집이라고는 하지만 겨우 바람막이만 하는 정도였다. 잠을 잘 때 아이들에게 털모자를 씌우고 장갑도 끼우고 양말도 서너 켤레씩 신겨서 재워도 다음날 아침 눈을 떠 보면 다섯 식구가 포개져 누워 있었다. 조금이라도 체온 유지를 하려고 했던 생존 방식이었다. 당시 여섯 살이던 큰딸 사라가 볼이 빨개져서 일어나는 걸 보면서 지금 내가 아이들에게 무슨 짓을 하고 있는 건가 하는 마음이 수없이 들었다. 가끔씩 한국에 갔을 때 교회 주일학교 아이들의 뽀얀 얼굴을 보면 촌스러운 우리 아이들이 떠올라 마음이 흔들렸다.

무엇보다 아이들을 학교에 보낼 수 없어 아내가 그 추운 방에서 하루 종일 홈스쿨로 아이들을 가르쳤다. 북한 쌀은 돌이 많아 조리질을 해야 하는데, 아내는 그런 방식이 익숙지 않아 밥 짓는 데만 한 시간씩 걸리기도 했다.

한번은 연길로 도망가고 싶어 나는 큰딸 사라에게 넌지시 말했다. 추우면 연길에서 겨울을 나고 다시 들어오자고 말이다. 그랬더니 사라는 해맑게 웃으면서 자기는 여기가 좋다고 했다. 밖에 나갔다 와도 엄마 아빠가 옷 갈아입으라는 말도, 씻으라는 말도 안 하니 너무 행복하다는 것이었다. 천진난만한 딸의 말에 나는 문득 이런 고백조차 주님의 은혜라는 생각이 들었다. 남들은 좋은 집이 생기면 주님의 은혜라고 고백하는데, 이렇게 아이들을 핑계 삼아 도망가고 싶은 순간에 철없는 아이의 대답을 통해서 붙잡으시는 것도 얼마나 큰 은혜인가. 우리의 인생에 좋은 일만 생기고 힘들고 어려운 일은 다 사라지는 것이 은혜가 아니다. 힘들고 어려운 것이 그대로 있을지라도 버틸 수 있는 마음을 주는 것이 진짜 은혜라는 것을 자녀들을 통해서 배우게 된다.

아이들은 북한에 있는 동안 따분한 시간이 많았다. TV도 없고 놀러갈 곳도 많지 않았다. 밤만 되면 전깃불이 다 꺼져 촛불을 켜 놓고 지냈다. 그러다 보니 가족과 함께하는 시간이 많아졌다. 아이들은 부모인 우리와 많은 이야기를 나누었다. 나와 아내는 아이들에게 성경 이야기를 들려주는 시간이 많아졌고, 미국에 있을 때보다 북한에서 아이들과 게임을 하며

사랑으로 길을 내다

함께 놀아 준 시간이 더 많았다. 그런 사실에 새삼 감사했다.

우리는 북한 사역지 곳곳에 아이들을 데리고 다녔다. 나선에 있을 때는 농촌 진료소나 유치원에 데리고 갔고, 평양에 와서는 뇌성마비 아이들을 치료하는 것도 같이 보았다. 어느새 아이들이 낸 기도제목에는 북한 사람들을 이모, 삼촌이라고 부르며 '어떤 삼촌이 아프대요, 어떤 이모가 아이를 가졌대요' 하는 것들이 있었다. 아이들은 그들을 중보하고 축복하며 기도했다.

다섯 살에 북한에 온 사라가 지금은 대학생이 되었다. 사라에게 어린 시절의 북한에서의 기억을 물어보면 한순간도 버리고 싶은 시간이 없다고 말한다. 사라는 중학교 때부터 병원에 와서 의사 선생님들과 자폐증에 관한 강의를 듣더니 지금은 자폐아동을 위해 살기로 결정하고 미국 아칸소 주에 있는 대학에서 특수교육을 전공하고 있다. 사라는 남들이 하는 사교육은 전혀 받지 못했다. 그저 엄마가 가르쳐준 말씀을 배우고, 함께 기도하며, 병원의 치료를 지켜보는 것이 전부였다. 하지만 이것은 아이들에게 남들이 경험하지 못하는 또 다른 교육이 되었다. 나는 무엇보다 아이들의 삶 속에 북한을 품는 마음과 기도가 자리하고 있다는 것이 고맙고 감격스럽다.

또한 하나님은 우리 부부 사이도 모난 부분을 보드라운 조약돌처럼 만들어 가신다. 이곳에 있으면서 우리는 관계에 어려움을 겪기도 했다. 통제가 심한 곳에서 살다 보니 자유롭게 할 수 있는 것이 없었다. 우리를 지켜보는 분위기 속에서 스트레스가 많았다. 우리 가정에 때때로 비바람과 풍파가 몰아치는 원인은 대부분 이런 외부에서 왔다. 게다가 부르심을 받은 건 아내였는데, 몇 년간 아이들을 돌봐야 하는 이유로 사역에 참여하지 못했다. 당시 아내는 많이 외롭고 힘들어했다. 나는 팀의 리더로 해결해야 할 일이 너무도 많았다. 여러 사역을 위해 쉬지 않고 일하고 관계자들을 만나러 다니다 보니 늘 몸이 열 개라도 모자랐다. 혼자 외국으로 출장을 떠날 때마다 만감이 교차했다. 내가 밖에 나가 있을 때 언제 어떤 일이 가족에게 벌어질지 모를 일이었기 때문이다. 가족 생각에 비행기에서, 또 어느 숙소에서 눈물이 맺힐 때가 많았다. 그런데 어느 날 생각해 보니 북한의 필요와 아픔을 같이 짊어지기 위해 뛰어다니는 동안 정작 아내의 아픔에는 민감하지 못했다는 생각이 들었다. 아내의 눈물에 나는 이야기를 들어 주는 것 밖에는 해줄 것이 없었다. 이곳에 있는 한 우리가 함께 이겨 나가야 할 일들이었기 때문이다.

그리고 우리 관계를 파괴하려는 영적 세력들과의 싸움도 거셌다. 아내와 나는 왜 싸우는지도 모르고 싸울 때도 많았다. 이유가 없었다. 아무것도 아닌 일이었다. 한참을 싸우다 '그런데 우리가 왜 싸우고 있지?' 하는 순간이 오면 아내도 나도 깜짝 놀랐다. 분리의 영이 우리 관계를 무너뜨리고자 한다는 걸 알았다. 교회 공동체의 시작인 가정이 무너지면 모든

사랑으로 길을 내다

것이 무너진다는 것을 깨달으며 서로를 위해 붙들고 기도하기도 했다.

힘든 북한 생활로 우리는 가끔 상담을 받았다. 도망칠 이유가 너무도 많았기 때문이다. 언젠가 스위스에서 트라우마를 겪은 사역자들을 위한 상담이 있었다. 우리 그룹에 이라크에서 온 사람이 있었다. 아침에 눈을 뜨니 자신의 룸메이트가 IS에 납치를 당해 목이 베여 시신으로 발견되었다고 했다. 그의 사연을 들으면서 내 상황은 저 정도까지는 아니라는 사실에 위로가 되었다. 저렇게 생사를 오가며 섬기는 사람들도 있는데 나는 이것 하나 못 이겨내는가 싶었던 것이다. 그런데 오히려 그는 우리를 보고 어떻게 북한에서 사느냐고 놀라워했다. 나는 그때 주님이 우리를 힘든 곳에 내버려 둔 것이 아니라 우리가 감당할 만한 곳에 보내셨다는 것을 깨달았다. 주님이 부르신 그 자리가 가장 소중하고 귀한 곳임을 알게 된 기회였다. 북한이라는 제한적 상황에서 나를 주님 안에서 더욱 깎으시고 다듬어 가시는 과정이었다고 생각한다. 어쩌면 우리 가정을 더욱 단단하게 만들어 가시는 시간이었다. 가정 사역이 북한에서 해온 어떤 프로젝트보다 중요할 수 있다는 생각을 했다.

북한 사람들은 우리 가족을 보면서 궁금해하는 것이 많았다. 특히나 이렇게 고생하면서 왜 떠나지도 않고 자신들과 함께 있는가 하고 궁금해했다. 추위에 덜덜 떨고 있는 나에게 보다 못한 그들이 나서서 중국에 있다가 오라고 하기도 했다. 그래도 나는 참아 내며 그들이 추우면 나도 함께 추울 각오를 했다. 한겨울의 어려움을 같이 견뎌본 것이다. 그래야 서로 할 이야기가 많아지지 않겠나. 사람들이 나더러 왜 이러고 있느냐고 물어보면 나는 그리스도의 사랑 때문이라고 말해 주었다. 주님은 우리를 위해 고난을 당하셨고, 우리가 그 고난에 함께 참여하길 바라시며, 그 과정을 통해 우리가 참사랑을 배워 가길 원하신다고 말이다. 그것이 그리스도의 가르침이라고 설명해 주었다. 그래서 우리는 이곳에 당신들과 함께 살러 왔다고, 이것이 내가 배운 그리스도의 사랑이라고 말해 주었다.

이렇게 몇 해를 지내고 나니 사람들이 명절이 되면 없는 형편에도 잡아 온 생선을 우리 아버지에게 주었고, 아버지가 당뇨로 고생하신다는 것을 알고는 북한에서 구하기 어렵다는 현미도 가져다주면서 "윤 선생 아바이는 우리 아바이인데 같이 돌봐야지요" 하면서 챙겨 주었다.

눈물이 마르면 사역지를 떠나야 할 때라고 스스로 마음에 담고 일한다. 나는 요즘도 때때로 눈물이 난다. 힘들어서 울던 그때와는 다른 눈물이다. 그들이 우리를 이웃으로 받아준 삶의 눈물이다. 나는 아직도 이곳에서 흘릴 눈물이 많을 것만 같다.

사랑으로 길을 내다

사랑하기에 이곳에 있다

북한 사역에 있어서 나의 가장 든든한 동역자는 아내이다. 아내의 지원과 협력이 아니었다면 이곳에서의 사역은 불가능했을지도 모른다. 아내는 나보다 먼저 북한에 부르심을 받은 자로서 늘 이 땅에 대한 뜨거운 마음을 품고 있다. 내가 두려워할 때도, 힘들어할 때도 그녀는 분명한 하나님의 부르심의 소망을 붙들고 있었다. 북한에 가서 살라는 말씀 하나로 숱한 광야의 여정을 걸으며 순종이라는 이름으로 그 뜻을 이루어 갔다. 내가 보기엔 그것은 믿음이었다. 부르신 이가 그 길을 예비하고 이끄실 것이라는 분명한 믿음이었다.

아내는 어린 시절부터 그날을 기다려 왔고, 결국 오랜 소망대로 북한에 들어왔다. 그러나 막상 시작된 북한에서의 삶은 우리가 기대했던 것과는 전혀 달랐다. 게다가 북한에 들어왔을 때 우리는 이미 세 자녀의 부모였다. 아내는 아이들을 돌보느라 대외적으로 사역할 수 없었다. 북한에서는 남자라는 이유로 나에게 일이 주어졌다. 또한 공동체의 리더였기 때문에 준비된 아내보다 오히려 내가 전면에 나서서 뛰어야 할 일이 많았다. 아내는 잠잠히 깊은 골짜기와 같은 시간들을 견디며 기다렸다. 그러나 북한에 온 후 몇 년 동안 이런 날들이 계속되면서 아내의 마음속에는 참 많은 질문이 생겼다. 북한을 돕는 자로 부르셨고, 그 부르심을 따라 순종하며 여기까지 왔는데 왜 정작 자신은 사역 현장에 참여하지 못하는 존재가 되어 버렸는가 하고 말이다.

사역지에서 이런 경험을 해본 부부 사역자들이 있을 것이다. 또한 아내처럼 부르심 이후 그저 그 자리에 머물게 하심으로 인해 미래에 대한 두려움을 가진 사역자들도 있을 것이다. '나는 이곳에서 무엇을 하는 사람인가?' 같은, 자신의 존재에 대한 질문을 하나님께 해본 사람도 있을 것이다. 아내는 이곳에서 많이 외로웠다. 운신의 폭도 좁아 위축되었다. 열정은 가득했지만 스스로를 아무런 쓸모도 없는 것처럼 여기기도 했다. 이런 현실에 대한 실망감에 빠져 있을 때 아내는 더 깊은 눈물의 골짜기를 걷는 경험을 하게 되었다.

이제 막 본격적인 사역이 시작되었을 무렵 아내는 신장암 3기 판정을 받았다. 열심히 희생하는데 왜 이런 어려움을 주

사랑으로 길을 내다

시는가 싶어 아내보다 내가 더 많이 혼란스러웠다. 그때 박 종순 목사님이 소식을 듣고 아내를 급히 한국으로 불러 수술을 받게 해주었다. 조금만 더 늦었으면 위험했다는 담당 의사의 말에 나는 가슴을 쓸어내렸다. 또한 그날이 크리스마스라 수술을 잡기도 어려웠던 상황이었는데 "이 사역자 분을 수술해 주라고 제 크리스마스 일정을 비워 놓으셨나 보네요"라는 의사의 고백을 들었을 때 아내는 그제야 알게 되었다고 한다. 우리가 무엇을 잘못해서 힘든 고난을 주신 것이 아니라 주님은 우리를 계속해서 지켜보고 계셨고, 오히려 어려움 중에 건지시는 분이라는 것을 말이다. 주님께 아무것도 해드린 것이 없다고 여겼던 날들에도 주님은 자신과 함께 해주셨다고 말이다.

나는 아내를 통해서 우리가 하나님을 위해 무엇을 하느냐보다 우리가 얼마나 주님을 사랑하는지, 또한 주님께 얼마나 사랑받고 있는지를 아는 것이 더 중요하다는 사실을 깨달았다. 하나님이 원하시는 것은 사역의 공적이 아니라 우리가 하나님과 깊은 사랑에 빠지는 것이다.

아내는 몸이 회복된 이후 다시 북한으로 들어왔다. 그러나 현실은 변한 것이 없었다. 아내는 여전히 한동안 아무 사역에도 참여하지 못했다. 변한 것이 있다면 아내 자신이었다. 이제는 아무 일이 주어지지 않더라도 그냥 북한에만 있으면 행복해했다. 왜냐하면 이곳은 하나님이 부르신 곳이며, 아주 작

은 일처럼 보일지라도 자신은 하나님 앞에 예배를 드리며 중
요한 삶을 감당하고 있기 때문이었다. 주어진 것이 없어도 이
곳에서 기도하며, 그 자리를 살아 내고 지켜 내는 삶이야말로
가장 위대한 사역임을 아내는 알게 되었다. 이 여정 속에서
아내가 쓴 시가 있다.

- 저는 왜 이곳에 있습니까? -

주님, 저는 왜 이곳에 있습니까?
제가 속하지 않은 이 땅,
낯선 말과 낯선 풍습이 가득한 이국땅에,
세상과 단절된 채,
홀로, 철저히 홀로.
저를 향한 소명은 무엇입니까?
스스로의 나약함에 움츠러들고,
무능력함에 압도되어 역할도, 목적도 없이 있습니다.
그러나 주님, 당신께서 이곳에 계십니다.
당신께서 저를 이곳에 부르셨습니다.
비록 제가 어떤 일에도 재능이 없고,
최고의 일꾼이 아닐지라도
주님, 당신을 위해 이곳에 있습니다.
어쩌면 당신께서는 제가 필요하지 않을지도 모릅니다.

사랑으로 길을 내다

어쩌면 당신은 저를 사용하시지 않을지도 모릅니다.

그러나 주님,

당신을 더욱 사랑하게 하소서.

당신의 사랑으로 채우소서.

그리하여 당신의 사랑이 이곳 사람들에게 흘러가도록.

저는 왜 이곳에 있습니까?

사역이나 명예를 위해가 아닙니다.

합당하거나 재능 있는 자여서도 아닙니다.

목적의 성취를 위해서도 아닙니다.

주님, 저는 당신을 위하여 이곳에 있습니다.

오직, 당신 한 분만을 위하여.

아내의 외로움은 기도가 되었다. 그리고 우리가 왜 이곳에 있는지 아내를 통해 다시 한번 확인하게 되었다. 아내는 한국 사람보다 더 이 땅을 사랑한 사람이었다. 그런 아내를 보며 나는 한없이 부끄러워져 도망치고 싶던 마음을 돌이킬 때가 많았다.

언젠가 아버지가 내게 말하길, 아내는 이 땅을 사랑하는 사람이라서 버틸 수 있는 것 같다고 하셨다. 그것은 사실이었다. 아이러니한 것은 북한을 위해 기도하는 미국인 아내로 인해 나와 우리 가족이 북한에 머물고 있다는 것이다. 그런데 여기에는 하나님이 우리 부부 가운데 상징적으로 보여 주신 여러 가지 사인이 있다는 사실을 깨닫는다.

나는 한국 배경을 가지고 있고, 아내는 미국 배경을 가지고 있는 사람이다. 북한에서 보면 우리 부부는 자기들과 서로 대립하고 있는 두 국가에서 온 사람들인 것이다. 이런 우리를 하나님께서 북한으로 부르신 것은 함께 세운 병원을 통해 화해를 이루는 상징적 표상으로 나타내신 것이 아닐까? 그래서 우리 부부는 관계와 관계의 얽힌 부분을 풀어 내는 화해자로서의 사명에 대해 늘 고민했다.

2017년, 북한과 미국 사이가 경직되었을 때 우리가 미국 시민권자인 것이 이곳에서 일하는 데 걸림돌이 되는 것 같아 이민을 가서 제3국의 여권을 만드는 것이 어떨까 진지하게 고민한 적이 있었다. 그때 아내는 내게, 일만 생각하면 다른 여권을 만들어 들어가는 것이 효율적일 수 있겠지만 다른 나라의 국적을 가지면서까지 일에 집중하는 것은 하나님이 우리에게 원하시는 것이 아니라고 했다. 아내는 우리가 정말로 해야 할 일이 무엇인가에 대해 다시 집중하게 했다. 결국은 북한과 미국의 화해가 이루어져야 한반도의 화해도 이루어지는 것임을 알기 때문이었다.

인내의 시간을 보낸 뒤에 지금 아내는 북한과 북한 사람들을 위해 아주 특별하게 쓰임받고 있다. 아내는 병원에서 뇌성마비와 자폐증을 가진 북한 어린이들을 위한 교육 치료를 담당함으로써 북한 의료계에 새로운 길을 내고 있는 중이다. 또

사랑으로 길을 내다

한 성령의 인도하심을 따라 주변의 많은 북한 사람들과 통일에 대해 나누며 화해의 통로가 되고 있다. 서로가 서로에게 먼저 용서를 구하고, 서로가 서로를 용서함으로 그 화해가 이루어짐을 전하면서 말이다.

나와 아내의 관계는 한국과 미국의 관계의 상징이다. 그리고 우리 자녀는 다국적이다. 아이들은 이곳에서 자라며 새로운 일을 해 나갈 우리의 꿈과 희망의 상징이다. 나는 하나님께서 우리 가족을 통해 이루어 가실 놀라운 일들을 기대하고 있다.

바람 부는 광야 같은 이 길을 함께 손잡고 묵묵히, 때로는 뜨겁게 동행해 준 아내에게 무척이나 고맙고 또한 미안하다. 아마도 이 마음은 평생의 동역자로서 가지고 갈 마음일 것이다. '저는 왜 이곳에 있습니까?'라고 수없이 주님께 물었던 그 질문에 대해 우리는 이미 오래전부터 답을 찾았다. 그 답을 알기에 여기까지 온 것이다. 우리는 오직 주님을 위해, 그리고 주님이 사랑하시는 이들을 위해 여기에 있다.

주님도 이 땅에 오셔서 우리와 같이 사셨다

한번은 중국으로 국제전화를 걸기 위해 전화교환원을 찾아갔다. 그날 나는 단추가 달린 남색 북한 정장을 입고 있었다. 교환원에게 그 지역 사투리로 업무 차 국제전화를 걸어야 한다고 말하자 그는 나에게 안 된다고 딱 잘라 말했다. 그동안에도 해왔는데 갑자기 왜 안 된다는 건지 영문을 몰라 나는 전화를 걸게 해달라고 계속 그와 실랑이를 벌였다. 그랬더니 그는 나를 위아래로 훑어보더니 신분증을 보여 달라고 했다. 나는 답답한 마음에 뒤에 서 있던 지도원들을 쳐다보면서 도와달라는 눈빛을 보냈다. 이 모습을 지켜보고 있던 지도원들은 그제야 참았던 웃음을 터뜨렸다. 알고 보니 교환원이 나를 북한 사람으로 오해하고 국제전화를 쓸 수 없다고 했던 것이었다. 내가 북한 사람처럼 보인다는 것은 이렇게 괜한 불편이 생길 수도 있지만 그들의 곁으로, 그들의 마음으로 들어갈 수 있는 길이 생기기 시작했다는 의미이기도 하다.

이곳에 살면서 나는 종종 그들처럼 옷을 입기 시작했고 문화를 배워 갔다. 이들을 이해한 만큼 조금 더 가까워졌다. 그들도 나를 신뢰하기 시작했고, 우정도 생겼으며, 그럴수록 불필요하게 싸우지 않고 일할 수 있게 되었다. 우리가 누구이며 이곳에서 무슨 일을 하는지에 관해 나눌 기회도 생겼다.

특히 나의 신앙을 지켜보면서 이것을 거부감이 드는 외국의 선전으로 여기지 않고 선한 것으로 받아주게 되었다는 것만으로도 감사한 일이다. 왜냐하면 기독교인이라는 것 자체가 이곳 사람들 앞에서 죄인이었다. 누군가는 내가 간첩 활동을 한다고 오해하기도 했다. 그런데 그들 속으로 들어갈 수 있게 되었다는 것은 내가 부르심을 입은 자로서 살아갈 수 있게 된 것이다.

사람은 각자 태어난 환경마다, 공동체마다 형성된 세계관이 다르다. 그리고 모든 현상을 자신이 가진 기준과 그 세계관에 따라 해석하고 반응해 나간다. 때문에 서로 다른 생각과 문화의 차이를 경험하게 되는데, 나는 종종 여기에서 오는 소통의 어려움을 겪었다.

북한 사람들은 자신보다 나라와 집단을 먼저 생각한다. 예를 들어 나라 전체가 매주 토요일 아침마다 짜인 조별로 모여 시대적 사안들을 나누고 여러 교육을 받는다. 이를 통해 목적과 생각의 일치를 이룬다. 우리로서는 이해하기 힘들지만 이것이 이들의 사회를 이끌어 가는 한 방식인 것이다.

환자를 진료할 때 나는 환자와 보호자에게 해야 할 것과 하지 말아야 할 것을 알려준다. 그런데 다음 진료 때 별 진전이 없어 하나하나 물어보면 내가 시키는 것을 하지 않았다. 내 말은 이해했지만 그들의 생활에 맞지 않아서 그랬던 것이다. 내가 하라는 대로 하면 몸이 좋아진다는 것을 알면서도 말이다. 그걸 보면서 나는 이곳에 있으면 이곳 사람들의 사고에 맞는 대화법이 필요하다는 걸 깨달았다. 그래서 그 다음부터는 당신만을 생각해서 하라는 것이 아니라, 이렇게 해야 당신의 집단이 좋아진다고 말해 주었더니 그제야 내 처방을 받아들였다.

우리는 자신에게 어떤 이익이 있는지를 확실하게 말해 주어야 설득이 되는 일이 많은데, 북한에서는 그것도 필요하지만 어떤 때는 개인의 이익이 집단의 이익에 상반되는 일이라면 통하지 않는 것들이 많이 있었다. 그래서 이 사람들과 살다 보면 기독교인인데도 불구하고 가끔은 내가 얼마나 이기적이고 내 중심적으로 생각하고 있는지를 발견할 때가 있다. 그럴 때마다 더 겸손히 낮아짐을 묵상하기도 한다.

바울은 사람을 얻기 위해서 유대인에게는 유대인의 모습으로, 약한 자에게는 약한 자의 모습으로, 또한 자유인이지만 종의 모습으로 다가갔다고 했다. 마찬가지로 나 역시 이들과 함께 하기 위해 이들의 모습으로 다가가는 것이 무엇인지를 많이 생각해 보았다. 그것은 성육신으로 다가오신 주님의 모습이라는 것을 깨닫게 되었다. 그들의 눈높이에서 눈을 맞추고 그들을 이해하며 나아가는 것은 주님이 인간의 모습으로 오셔서 우리에게 맞춰주셨던 사랑의 모습이다.

"너희 안에 이 마음을 품으라 곧 그리스도 예수의 마음이니 그는 근본 하나님의 본체시나 하나님과 동등됨을 취할 것으로 여기지 아니하시고 오히려 자기를 비워 종의 형체를 가지사 사람들과 같이 되셨고 사람의 모양으로 나타나사 자기를 낮추시고 죽기까지 복종하셨으니 곧 십자가에 죽으심이라"(빌 2:5-8).

하나님은 우리를 사랑하셔서 유일하신 아들 예수를 이 땅 가운데로 보내셨다. 우리의 눈높이를 맞춰 주시기 위함이었다. 그뿐만 아니라 십자가에서 죽기까지 자신을 낮추셨다. 그것은 엄청난 사랑이자 겸손이다. 주님이 우리를 사랑하셔서 우리와 같은 모습으로 함께 살아가셨던 것처럼, 나 역시 이 사랑을 나누기 위해 그들과 같이 되어 함께 살아가고자 하는 것이다.

예수님은 우리와 함께 관계를 맺으시며 하나님의 사랑을 세상에 나타내셨다. 나는 우리가 신앙생활을 하면서 스스로 거룩해지는 것뿐 아니라 부르시는 곳에서 그곳 사람들과 함께 살아가야 한다고 생각한다.

이곳은 공식적으로 기독교 활동을 할 수 없다. 그러나 여러 기독교인들이 그들의 생활 방식과 그들이 하는 사업과 교육과 의료를 통해 말씀을 살아내고 있다.

이곳은 아직 외국인을 위한 기반시설이 없다. 외국인들은 아파트나 집을 빌릴 수 없으며 특정 시설이나 호텔, 사업장 내에서만 거주할 수 있다. 인터넷과 이메일 접속은 대부분 지역에서 불가능하고 국제전화는 매우 비싸며 제한되어 있다. 비자 유효기간도 자주 만료되어 계획된 업무에 걸림돌이 될 수 있다. 거주 비자가 나온 이후에도 때때로 지도원들이 동행해야 한다. 그럼에도 불구하고 나는 이곳에서 함께 살아갈 사람들이 많아졌으면 좋겠다.

주님께서 우리와 함께하시기 위해 예수님이 성육신하여 인간이 되셨듯이, 우리는 주님의 손과 발이 되고, 그리스도의 향기가 되어야 한다. 그렇게 될 때 북한 사람들은 좋으신 하나님을 맛보고 목격하게 될 것이다. 나는 많은 기독교인들이 북한에서 빛과 소금이 되길 바란다. 그것은 기독교인들이 스스로를 낮추며 북한을 섬기는 마음을 가지는 것이다.

광야에 길을 내고 사막에 강을 내시는 하나님은 오늘도 우리를 통해 이곳 사람들을 위한 놀랍고도 새로운 일을 시작하신다.

사랑으로 길을 내다

우리에게 화해를 부탁하셨다

어느 날 고린도서를 묵상하던 중에 문득 하나님께서 우리 민족 가운데 주시는 말씀이라는 생각이 든 구절이 있다.

"그런즉 누구든지 그리스도 안에 있으면 새로운 피조물이라 이전 것은 지나갔으니 보라 새 것이 되었도다"(고후 5:17).

이 말씀은 더 이상 세상을 이전의 방식으로 바라보지 말라는 뜻이다.

통일에 대한 염원은 남한이든 북한이든 모든 한국인 속에 새겨져 있다. 그런데 통일이라는 말을 하기 이전에 먼저 이루어져야 할 것이 화해라고 생각한다. 특히 통일이라는 단어는 일치, 하나됨이라는 뜻을 갖고 있는데도 상당히 정치화 되어 있는 것이 안타까웠다. 그러다 보니 북한이라는 나라를 바라보는 한국 기독교의 목표가 북한 정권을 바꿔야 하는 것이나, 북한이 망하는 것으로 흘러가는 전투적인 기류가 된 것이 아닌가 생각한다. 내가 이곳에서 만났던 많은 북한 사람들의 인식도 그러한 프레임 속에서 기독교를 거부하곤 한다. 결국 진정한 화해는 예수 안에서 새로운 피조물로 새로운 정체성을 가질 때 가능해진다는 것을 새삼 확인하게 된다.

어떤 분은 나에게 이런 말을 했다.

"사역자들이 해외에 나가면 그 나라 언어를 배우고 그곳 문화를 익히며 그들 속에서 함께 살아가지요. 그 나라 자체를 바꾸려는 것이 아닌데 유독 북한에 대한 생각에서는 그렇지 않은 것 같습니다."

듣고 보니 그랬다. 이 말을 들으면서 우리가 갖고 있는 북한에 대한 수많은 부정적인 생각들이 여전히 우리 안에 걸림돌로 남아 있으며 한국전쟁이 남긴 엄청난 상처가 교회 안에도 얼마나 깊고 오래도록 남아 있는가를 깨닫게 한다.

북한으로 부르심을 받은 나는 어떻게 한국교회의 아픔을 담아 낼 수 있을지, 어떻게 북한 사람들을 대해야 하는지가 큰 기도제목이었고, 이 부분에서 씨름했다. 그래서 우리 공동체는 정치적으로 오염되어 있는 통일이라는 단어보다 화목과 화해에 주목했고 깊이 묵상했다. 서로 분리되어 있고 적대시하는 사람들을 회복시키는 방법은 신앙인으로서 화해밖에 없다는 생각을 하게 된 것이다.

사랑으로 길을 내다

국가적인 통일이 되든 되지 않든 서로를 바라보는 시각에 애처로움이 담긴다면, 그것이야말로 산상수훈에서 주님이 우리에게 해주신 '하나님의 나라가 이루어진다'는 말씀이 이루어지는 것 아닐까. 또한 주님이 가르쳐 주신 기도처럼 '나의 죄를 용서해 주듯이 저들의 죄를 용서해 달라'고 구하는 것이 진정으로 주의 나라가 이 땅에 임하게 해달라고 외치는 기도가 아닌가.

신학적으로 보면 하나님의 나라는 분명 자유민주주의나 사회주의를 말씀하신 것이 아닐 것이다. 그 나라는 나와 하나님, 나와 내 주위 사람들과의 화해의 영역이 확장되는 나라일 것이다. 우리가 정말로 바라는 것은 서로가 서로에게 받은 상처를 회복시켜 달라는 울부짖음이다. 그러나 나는 통일 그 자체가 우리에게 그런 회복을 줄 것이라고 생각하지 않는다. 우리 안에 화해를 이루는 것이야말로 오랜 시간 한으로 남아있던 억눌리고 상처 입었던 것들을 회복할 수 있는 길이라고 생각한다.

뭐든 단번에 되는 것은 없다. 그렇다면 화해를 이루는 것도 연습을 해야만 한다. 정말 통일을 원하는 사람들이라면 우리 안에서부터 먼저 화해를 시작해 봐야 한다. 집안에서는 세대 갈등을 극복하고 교회에서는 틈만 나면 갈라지는 분열을 그만두어야 한다. 이런 것들을 하지 못하면서 북한 사람들 때문에 통일이 안 된다고 말하면 안 된다. 다양한 정치색 때문에 통일이 안 된다고 말할 수 없는 것이다.

그런데 우리는 이런 과정을 다 뛰어넘고 통일만 말하고 있다. 우리 삶에서 성경이 말하는 화해와 용서, 그리고 남의 입장에 설 수 있는 관용과 애통함이 연습되지 않는다면 통일이 된대도 더 큰 상처만 남길 수 있다. 우리 민족이 겪은 아픈 현대사의 과거를 또다시 반복해서는 안 되지 않겠는가.

전쟁의 상처가 몰고 온 증오와 용서하지 못하는 마음은 신앙인의 마음 안에서도 매우 깊게 자리하고 있는 걸 보곤 한다. 어디서부터 풀어 나가야 할지 모르게 마구 엉킨 실타래와 같은 한반도의 상황을 보며 화해를 이야기하기란 참 쉽지 않다. 무엇보다 신앙인들 사이에서조차 화해와 일치를 이루지 못하는데 어떻게 전쟁과 이념의 깊은 골이 패인 북한 사람들과 화해나 일치를 말할 수 있을까.

서로 사랑하라고 하신 주님의 새 계명이 교회 안에서 훈련되지 않는다면 예수님의 사랑은 결코 사회로 흘러갈 수 없다. 이 마음이 교회를 통해 사회로 흘러가지 못하면 통일은 우리에게서 더 멀어지게 될 것이다.

나는 고린도서를 읽으며 초대교회가 그 안에서 얼마나 서로 사랑하려고 노력했는지 알 수 있었다. 교회 안에 들어오면 주인과 종이 같은 급이 된다. 유대인과 이방인이 같아진다. 세상은 그것을 지켜보고 있다. 싸움도 있었지만 그것을 이겨 내려는 노력을 했다. 나는 이 선한 씨름을 교회가 나서서 해

주길 간절히 소망한다.

나는 북한에서 일한다는 이유로 한국교회에서 빨갱이 소리를 들은 적이 있다. 그때는 적잖이 충격을 받기도 했다. 그일로 하나님께 나의 정체성에 대해 묻기 시작했다. 그때 하나님은 나에게 남한 사람과 북한 사람들 앞에 설 수 있는 이름을 주셨다. 그것은 바로 '화해의 직분자'였다. 고린도서를 묵상하며 더욱 분명하게 알게 되었다. 하나님께서 우리에게 화목의 직분을 주시며 화해를 부탁하셨다는 사실이다.

"곧 하나님께서 그리스도 안에 계시사 세상을 자기와 화목하게 하시며 그들의 죄를 그들에게 돌리지 아니하시고 화목하게 하는 말씀을 우리에게 부탁하셨느니라"(고후 5:19).

성경에서 말하는 화목은 원수 되었던 것을 정상적인 상태로 돌려놓는 일이다. 하나님의 진노가 사랑으로 바뀌게 되며, 그리스도로 말미암아 죄인인 우리가 의롭게 되는 것처럼 말이다. 하나님과 화목을 이룬 그리스도인들이 하지 않으면 그일을 누가 한단 말인가.

우리는 그리스도의 대사이다. 보낸 자의 뜻을 전하는 것이 대사의 역할이다. 갈라진 두 땅 사이에 다리를 놓는 것이 하나님의 뜻이다. 하나님은 남과 북 모두의 상처를 치유하길 원하시며 화해를 갈망하신다. 그 일을 위해 신앙인인 우리가 나서야 한다. 그러기 위해서는 분단에 애통하는 마음이 있는지, 상대를 알아 가고자 하는 마음이 있는지 스스로에게 물어봐야 한다. 이런 통찰을 하던 날, 나는 눈물로 회개했다. 나 역시 이곳에 오기 전까지 이런 마음과는 무관했기 때문이었다.

쓴뿌리를 제거하는 방법은 용서이다. 용서하지 못한 채 살면 창살 없는 마음의 감옥을 경험하게 되며 결국은 트라우마로 남게 된다. 우리를 아프게 한 것을 계속 품고 있으면 그것은 결국 우리를 파괴한다. 마태복음 18장에 나오는 탕감받은 빚진 자의 비유처럼, 언젠가 예수님이 우리에게도 "나는 너희를 용서했건만 너희는 어찌했느냐" 하고 물어보실지 모른다. 우리는 하나님께 이미 용서를 받았다. 용서받음과 용서함은 우리의 마음에 회복과 치유를 가져다 줄 것이라 믿는다. 그러므로 우리는 하나님의 자녀로서 용서와 은혜의 영으로 나아가야 한다.

그리스도께서 주신 이 화해의 메시지는 우리의 희망이다. 북한을 향한 뜻은 민족의 묵은 상처를 회복하는 것뿐 아니라 한반도가 주님께 돌아와 그리스도의 다시 오심을 준비하는 것이기도 하다.

나는 통일이라는 한민족의 역사적 과제를 정치적으로가 아니라 하나님 나라의 관점에서 하나씩 실타래를 풀어갔으면 한다. 화해와 일치를 통한 통일의 시작은 바로 내 안에서부터 그리고 교회에서부터 시작해야 한다. 그것은 서로 넘어야 하는 관계의 어두운 골짜기를 통과하는 훈련이 될 때만 가능하다. 지금, 그리고 우리가 서 있는 바로 이곳에서 화해를 이루

사랑으로 길을 내다

어 갈 때 주님께서 기뻐하시고 우리 민족에게 통일을 선물로 주실 것이라 믿는다. 그 시작은 한 사람 한 사람이 각자의 일상이 되어야 한다.

이제 묵은 누룩을 버릴 때가 되었다. 그리스도 안에서 새로운 떡으로, 새로운 피조물로 설 때이다.

하나님이 준비하신다면 불가능은 없다

　나는 요즘도 눈을 감으면 검게 그을린 피부에 장난기 가득한 북한 아이들의 얼굴이 떠오른다. 듬성듬성 빠진 이가 사랑스러운, 천사 같은 미소가 나를 향해 마구 달려온다. 어른들의 정치나 이념 따위와는 상관없이 해맑게 웃는 아이들의 까만 눈망울이 그립고 그립다.

　한국의 태백에서 잠시 머무는 동안 지나가는 동네 아이들만 보면 나선에서 그리고 평양에서 만나던 아이들의 안부가 몹시도 궁금해진다. 병원에서 치료를 기다리던 아이들은 잘 지내고 있을까? 첫사랑은 늘 아픈 것인지, 아내와 나는 평양에 두고 온 환자들이 보고 싶어 눈물짓는 시간이 많아졌다.

　우리는 워싱턴 D.C. 상원의원실의 초청을 받아 여러 사람

앞에 서게 되었다. 아무것도 아닌 우리가 북한에서 한 일로 박수를 받게 된 것이었다. 아내와 나는 고개를 숙이며 복신이에게 진 이 빚을 어떻게 다 갚을까 생각했다. 하늘나라로 간 복신이 덕분에 우리가 여기까지 오게 된 것이 아니었던가! 결코 우리가 생각해 낸 것이 아니었다. 하나님께서 만나게 하신 그 한 아이를 통해 북한 안에 크고 놀라운 일이 시작되었던 것이고, 우리는 그저 하나님의 마음을 따라 움직였을 뿐이었다.

내가 만난 장애 아동들은 우리가 준 것보다 더 많은 것을 돌려주었다. 또한 나와 내 가족을 주님 앞으로 인도했다. 결코 나 혼자 걸어서는 이룰 수 없는 일이었다. 선양하나 공동체와 함께, 그리고 곳곳에 있는 수많은 사람의 인생을 통해 나 역시 이 일에 동참할 수 있었고 기도를 모을 수 있었다.

상상할 수 없었던 일이 북한에서 일어나면서 나는 자꾸만 꿈을 꾸게 된다. 그것은 뇌성마비 아이들이 살아갈 세상과 그 꿈을 응원하는 것이다. 북한의 이웃들에게 신앙인으로서 그리스도의 사랑과 마음을 나누는 것이다. 그 가운데 구부러지고 어긋나 있는 것들을 회복하고 치유하는 것이다. 정치와 이념을 넘어서는 따뜻한 사랑의 가치를 나누는 것이다.

사람들은 내게 북한에서 사는 것이 힘들지 않느냐고 묻는다. 왜 힘들지 않겠는가. 그러나 그 모든 것을 견디고서라도 세상에서 가장 연약한 아이들을 섬길 수 있는 특권을 얻었다는 것이 기쁘다. 무엇보다 그리스도인으로서 하나님의 마음을 알게 되었다는 것이 가장 큰 은혜다. 나는 북한의 행동발달장애 아동들을 만나게 하신 하나님의 특별하신 계획과 마음을 느끼곤 했다. 그것은 북한에 숨겨져 있는 아이들을 향하신 하나님의 마음이었다.

북한은 늘 논란의 한가운데 있는 땅이다. 세계의 언론은 북한의 인권문제나 핵무기, 경제난 같은 사안에만 초점을 맞추어 북한을 조명한다. 이러한 북한에 대한 부정적인 보도는 우리의 인식을 부정적인 곳으로 이끌고 그것에 집중하게 한다. 북한을 생각할 때 떠오르는 고착화된 이미지들이 있다. 그러나 과연 그것이 북한 모습의 전부일까? 북한에 오기 전까지 나 역시 이런 뉴스들을 따라 움직였고 그 시각으로 북한을 바라보았다. 그러나 하나님은 계속해서 나에게 하나님의 눈으로 다시 북한을 바라보라고 말씀하셨다.

우리는 북한에서 벌어지는 어두운 상황에만 집중하지 않고 믿는 자로서 하나님께서 그 땅 가운데 하고 계신 일을 바라보아야 한다. 우리의 시선이 부정적인 면에만 머문다면 오히려 사탄의 역사를 인정하게 되고 말 것이다. 우리의 초점을 언제나 부활하신 산 소망의 예수님께 두어야 한다. 하나님은 우리가 민수기 13장의 여호수아와 갈렙의 시각을 갖기를 원하신다. 땅의 강한 요새와 건장한 거민들에 압도되어 부정적인 소식만을 전했던 다른 이들과 달리 여호수아와 갈렙은 하나님께서 하실 일에 대한 기대와 그분의 도움을 믿었다. 지금 우리에게도 이 믿음이 필요하다.

북한에 있으면서 나는 그동안 북한의 정치와 뉴스 뒤에 가려져 있던, 그 땅에서 살아가는 사람들을 보았다. 유치원의 아이들과 선생님, 신발공장의 아주머니들, 병원의 의사들과 복신이 같은 뇌성마비 아이들이다. 나는 그곳에 하나님이 결코 포기할 수 없는 것들이 있다는 것을 보았다. 나에게 대단한 신앙이랄지 어떤 특별한 것이 있어서가 아니다. 내가 이것을 보게 된 것은 하나님이 가르쳐 주신 마음 때문이었다. 아름다운 풍경은 볼 줄 아는 사람에게만 열려 있다. 펼쳐져도 보지 못하는 자에게는 그냥 지나치는 한낱 길일뿐이지만 누군가는 그것을 보고 지으신 창조주 하나님께 영광을 돌린다. 내가 여전히 북한에서 사는 이유는 하나님이 자꾸만 내게 감추어진 보화같은 이들을 만나게 하시고 그 땅에서 하고 계신 일들을 보여 주시기 때문이다.

하나님의 마음은 한반도가 하나님과 화목해지는 것에 있다. 하나님은 나에게 화목하게 하는 직분을 주셨다. 그것을 위해 나는 북한에 있다. 북한은 더는 어둡고 다다르기 힘든 땅이 아니다. 하나님은 창조하신 모든 곳에 계신다. 하나님의 임재는 북한 땅에도 존재한다. 그분의 이름으로 두 세 사람이 모인 곳에 하나님께서도 그들 가운데 계시는 것이다.

우리의 몫은

고치는 것이 아니라

화목이다

주님은 당신의 자녀 모두를 화목의 직분자로 부르시고, 화목을 이루어야 하는 자리로 초청하신다. 화목의 자리는 늘 화평과 웃음만이 있는 곳이 아니다. 화목이 필요한 자리는 다툼과 오해와 갈등과 상처로 가득하다.

예수님은 화목의 자리에 직접 오셔서 십자가를 짊어지셨다. 그것은 이 땅을 향한 사랑이었다. 그분은 우리에게 잘못을 고치거나 심판하라고 하지 않으신다. 그것은 하나님의 몫이다.

다만 하나님은 우리가 그저 화목이 필요한 그 자리에 있기를 바라신다. 그곳에서 아파하는 자들과 함께 아파하고, 무거운 짐을 지고 지친 자들과 함께 있으라 하신다. 사랑을 배반한 사람들, 나와 생각이 다른 사람들, 어쩌면 나에게 상처를 가장 많이 준 사람들, 나와 가까이 있는 사람들과 함께 있으라 하신다. 부모와 자녀가, 남편과 아내가, 비장애인과 장애인이, 부유한 자와 가난한 자가 끝까지 서로를 포기하지 않고 안아주는 자리로 보내시기 위하여 우리를 부르신다.

그렇게 훈련된 사랑을 만들어 갈 때 우리는 비로소 죽음과 피로 물든 역사를 함께 짊어질 수 있을 것이다. 그때에야 비로소 많이 아파하고 있는 남과 북을 향해 서로를 위로하는 치유의 자리로 우리를 이끌어 주실 것이다. 마치 화목의 십자가처럼 말이다.

화목의 십자가

Design Inspiration by 최영인 | Wood Art by 김성환 | www.canacreation.com

그런즉 누구든지 그리스도 안에 있으면
새로운 피조물이라
이전 것은 지나갔으니 보라 새것이 되었도다

모든 것이 하나님께로서 났으며
그가 그리스도로 말미암아 우리를 자기와 화목하게 하시고
또 우리에게 화목하게 하는 직분을 주셨으니

곧 하나님께서 그리스도 안에 계시사
세상을 자기와 화목하게 하시며
그들의 죄를 그들에게 돌리지 아니하시고
화목하게 하는 말씀을 우리에게 부탁하셨느니라

고린도후서 5:17-19